INTERPARTES 3

Studien zur Dolmetschwissenschaft

Hrsg. von Dr. Dörte Andres,
Mainz/Germersheim

Marion Wörrlein

Der Simultandolmetsch-prozess

Eine empirische Untersuchung

Martin Meidenbauer

Marion Wörrlein hat ihren Abschluss als Diplomdolmetscherin im Jahr 2006 am FASK in Germersheim gemacht und arbeitet seitdem als Dolmetscherin und Übersetzerin bei der internationalen Einkaufszentrale Agenor in Genf.

Die Deutsche Bibliothek verzeichnet diese Publikation in der Deutschen Nationalbibliografie; detaillierte bibliografische Daten sind im Internet über http://dnb.ddb.de abrufbar.

© 2007 Martin Meidenbauer Verlagsbuchhandlung, München

Umschlag-Abbildung: Simultandolmetscherin
© Marion Wörrlein

Alle Rechte vorbehalten. Dieses Werk einschließlich aller seiner Teile ist urheberrechtlich geschützt. Jede Verwertung außerhalb der Grenzen des Urhebergesetzes ohne schriftliche Zustimmung des Verlages ist unzulässig und strafbar. Das gilt insbesondere für Nachdruck, auch auszugsweise, Reproduktion, Vervielfältigung, Übersetzung, Mikroverfilmung sowie Digitalisierung oder Einspeicherung und Verarbeitung auf Tonträgern und in elektronischen Systemen aller Art.

ISBN 978-3-89975-101-7

Verlagsverzeichnis schickt gern:
Martin Meidenbauer Verlagsbuchhandlung
Erhardtstr. 8
D-80469 München

www.m-verlag.net

Mein Dank gilt all denjenigen, die zur Entstehung dieser Arbeit beigetragen haben.

Marion Wörrlein

Inhaltsverzeichnis

1	Einleitung		9
2	**Modell zum Simultandolmetschen von Barbara Moser**		11
	2.1	Prof. Dr. Barbara Moser-Mercer	16
	2.2	Modell zum Simultandolmetschen	17
	2.2.1	Erste Schritte der Informationsverarbeitung und primäre Erkennung	18
	2.2.2	Weitere Schritte der Informationsverarbeitung und sekundäre Erkennung	18
	2.2.3	Kurzzeitgedächtnis	19
	2.2.4	Langzeitgedächtnis	21
	2.2.4.1	Wissensspeicherung	21
	2.2.4.2	Dolmetschprozess	23
3	**Strategien beim Simultandolmetschen**		27
	3.1	Verstehensstützende Strategien	28
	3.1.1	Antizipation	28
	3.1.2	Inferenzieren	32
	3.1.3	Segmentierung	34
	3.1.4	Wissensaktivierung	38
	3.2	Strategien zur Zieltextproduktion	48
	3.3	Kapazitätenmanagement	54
4	**Empirische Untersuchung**		57
	4.1	Versuchsaufbau	57
	4.2	Versuchsauswertung	58
	4.2.1	Antizipation	58
	4.2.2	Inferenzieren	60
	4.2.3	Segmentierung	63
	4.2.4	Wissensaktivierung	68
	4.2.5	Zahlen	71
	4.2.6	Eigennamen	74

5	**Kritik am Modell zum Simultandolmetschen von Barbara Moser**	81
6	**Zusammenfassung**	87
7	**Literaturverzeichnis**	93
8	**Anhang**	95
8.1	Ausgangstext	95
8.2	Transkriptionen der Verdolmetschungen	98

1 Einleitung

Das Simultandolmetschen, bei dem eine Rede fast zeitgleich zu ihrer Darbietung in eine andere Sprache übertragen wird, ist eine komplexe kognitive Tätigkeit, bei der zahlreiche Prozesse gleichzeitig bewältigt und koordiniert werden müssen. Als Grundlage für eine gezielte Auseinandersetzung mit den Strategien, die der Dolmetscher dabei einsetzt, werden diese Prozesse von der Ausgangstextaufnahme bis hin zur Zieltextproduktion im 2. Kapitel dieser Arbeit beschrieben. Dazu wird das von Barbara Moser 1976 im Rahmen ihrer Dissertation entwickelte Modell zum Simultandolmetschen vorgestellt und erläutert. Als eine der ersten wissenschaftlichen Arbeiten zu den Prozessen beim Simultandolmetschen, berücksichtigt diese bewusste und unbewusste Vorgänge sowie Aspekte der Linguistik, Psycholinguistik und Informationsverarbeitung und dient bis heute als Grundlage für neue Forschungsarbeiten.

Darauf aufbauend, wird im 3. Kapitel auf Strategien eingegangen, die der Dolmetscher zum Vermeiden bzw. Lösen simultanspezifischer Schwierigkeiten einsetzt. Dabei werden verstehensstützende Strategien und Strategien zur Zieltextproduktion unterschieden, wobei letztere, aufgrund des begrenzten Umfangs dieser Arbeit, nicht detailliert behandelt werden können. Der Schwerpunkt liegt somit auf den verstehensstützenden Strategien Antizipation, Inferenzieren, Segmentierung und Wissensaktivierung.

In den meisten Situationen kann der Dolmetscher auf mehrere dieser Strategien zurückgreifen. Deshalb soll im 4. Kapitel, im Rahmen einer empirischen Untersuchung, analysiert und aufgezeigt werden, welche Strategien bevorzugt in welchen Situationen eingesetzt werden, ob sie viel oder wenig Verarbeitungskapazität einsparen bzw. benötigen, welche positiven oder auch negativen Auswirkungen sie mit sich bringen können, welche Strategien sich gegenseitig bedingen und welche bevorzugt bei Zahlen und Eigennamen eingesetzt werden.

Mit den dabei gewonnenen Erkenntnissen wird im 5. Kapitel abschließend noch eine Kritik zur Berücksichtigung der vier verstehensstützenden Strategien in Barbara Mosers Modell zum Simultandolmetschen angefügt.

2 Modell zum Simultandolmetschen von Barbara Moser

Als Barbara Moser-Mercer[1] 1976 im Rahmen ihrer Dissertation dieses Modell zum Simultandolmetschen entwickelte, steckte die Dolmetschforschung und -wissenschaft noch in den Kinderschuhen. In vielen Fällen wurde diese entweder von Dolmetschern betrieben, die die Erkenntnisse anderer Disziplinen, die in die Dolmetschwissenschaft einfließen, nicht bzw. nicht ausreichend berücksichtigten, oder aber von Experten anderer Disziplinen, die wiederum entscheidende dolmetschspezifische Aspekte vernachlässigten. Zu diesen in die Dolmetschwissenschaft hauptsächlich einfließenden Disziplinen gehören, je nach Forschungsschwerpunkt, insbesondere die Psychologie, Linguistik, Kommunikationswissenschaft, Soziologie oder auch Neurophysiologie. Wie am Titel ihrer Dissertation „Simultaneous Translation: Linguistic, psycholinguistic, and human information processing aspects" erkennbar ist, integrierte Barbara Moser-Mercer bei der Entwicklung ihres Modells zum Simultandolmetschen als eine der ersten Erkenntnisse anderer wissenschaftlicher Bereiche, nämlich der Linguistik, Psycholinguistik und menschlichen Informationsverarbeitung. Ihr ist es dabei gelungen, diese Erkenntnisse so in die Dolmetschforschung zu integrieren, dass dadurch die Prozesse beim Simultandolmetschen von einer neuen Perspektive aus betrachtet wurden und die Dolmetschwissenschaft eine neue Richtung einschlagen konnte. Trotz vereinzelter neuerer Forschungsprojekte und Entwürfe gibt es bis heute kein ebenbürtiges Modell zum Simultandolmetschprozess, so dass das Modell von Barbara Moser-Mercer weiterhin neuen Forschungsarbeiten zugrunde gelegt und auch in diesem Fall zur Untersuchung der simultanspezifischen (vor allem verstehensstützenden) strategischen Prozesse herangezogen wird.

Ein oft in Verbindung mit Barbara Moser-Mercers genanntes Modell ist das kurz zuvor (1976) als erstes Simultandolmetschmodell erschienene Werk David Gervers (siehe Abbildung 1). Auch dieser verfolgte das Ziel, die einzelnen Schritte des Simultandolmetschprozesses zu veranschaulichen, und stützte sich dazu auf Erkenntnisse der kognitiven Psychologie sowie der Informationsverarbeitung. Sein Hauptaugenmerk legte er dabei auf die Speicher- und Kontrollmechanismen sowie die Aufmerksamkeitsverteilung. So unterscheidet David Gerver in seinem Modell drei Speichermechanismen: einen Input-Pufferspeicher zur kurzfristigen Speicherung des Inputs (*buffer store*), einen Langzeitspeicher zur langfristigen

---

[1] Zur damaligen Zeit noch Barbara Moser; im Folgenden immer Barbara Moser-Mercer genannt.

Speicherung ausgangs- und zielsprachlicher Informationen (*source language code book* und *target language code book*) sowie einen Output-Pufferspeicher mit Monitoringfunktion zur kurzfristigen Speicherung und Kontrolle des Outputs (*output buffer and control*).
Trifft nun das Input nach und nach beim Dolmetscher ein, wird außer bei den ersten eintreffenden Informationen überprüft, ob im Input-Pufferspeicher (*buffer store*) genügend Speicherkapazität vorhanden ist. Ist dies der Fall, wird das Input dort kurzfristig gespeichert, um daraufhin verarbeitet zu werden. Ist die Speicherkapazität hingegen erschöpft, müssen zuerst dort gespeicherte Informationen gelöscht werden, um das neu eintreffende Input speichern und verarbeiten zu können. Die Verarbeitung erfolgt durch die Dekodierung des Inputs, wobei der Dolmetscher mit Hilfe der ausgangssprachlichen Informationen im Langzeitspeicher (*source language code book*) versucht, von der Oberflächenstruktur, d.h. der Formulierung in der Ausgangssprache, zur Tiefenstruktur, d.h. dem Sinn des Gesagten im jeweiligen Kontext, vorzudringen. Daraufhin findet mit Hilfe der zielsprachlichen Informationen im Langzeitspeicher (*target language code book*) die Enkodierung des Gesagten in der Zielsprache statt. Nun kann der Dolmetscher entweder direkt mit dem Output beginnen oder seine Formulierung zuvor nochmals überprüfen, indem er diese wiederum dekodiert und kontrolliert, ob deren Sinn tatsächlich dem der ausgangssprachlichen Äußerung entspricht. Ist dies der Fall, erfolgt das Output, ist dies nicht der Fall, kann der Dolmetscher den gesamten Prozess durch Abruf des im Input-Pufferspeicher (*buffer store*) gespeicherten Inputs wiederholen, muss bei Zeitmangel die betreffende Informationseinheit fallenlassen und zur nächsten übergehen oder aber beim Output Ungenauigkeiten bzw. Fehler in Kauf nehmen. Währenddessen kann die Kontrolle des gesamten Outputprozesses im Output-Pufferspeicher mit Monitoringfunktion (*output buffer and control*) so lange bewusst oder unbewusst fortgesetzt werden, bis die Formulierung einer Informationseinheit abgeschlossen ist. Stellt der Dolmetscher dabei fest, dass der Sinn der zielsprachlichen dem der ausgangssprachlichen Äußerung nicht entspricht, hat er erneut die Möglichkeit einzugreifen. (vgl. Gerver 1976)

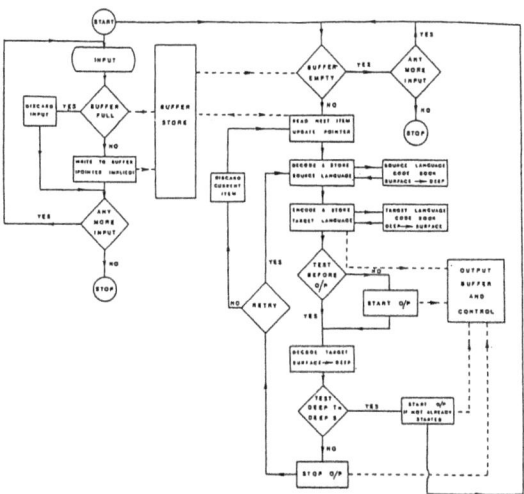

Abbildung 1: David Gervers Modell zum Simultandolmetschen (1976)

Vor allem mit dieser Monitoringfunktion, der damit verbundenen Aufmerksamkeitsverteilung auf Input und Output sowie den Speichermechanismen als integralen Bestandteilen seines Modells, das die Komplexität des Simultandolmetschprozesses ansatzweise veranschaulicht, hat David Gerver die Simultandolmetschforschung entscheidend beeinflusst und vorangetrieben. Dennoch stellt sein Modell, wie er auch selbst anmerkte, nur eine erste Annäherung an den Simultandolmetschprozess dar und enthält verschiedene Komponenten, die es zu verbessern, ergänzen oder konkretisieren gilt. Zu verbessern gilt es insbesondere die Stelle, an welcher bei Erschöpfung der Kapazität im Input-Pufferspeicher dort gespeicherte Informationen gelöscht und somit nicht gedolmetscht werden, um das neu eintreffende Input speichern und verarbeiten zu können. Denn ist es dem Dolmetscher nicht möglich, alle Informationen zu dolmetschen, entscheidet er unter Berücksichtigung ihrer Bedeutung für den Kontext, welche er auf jeden Fall dolmetschen muss und welche er eher auslassen könnte. Eine weitere Möglichkeit, die David Gerver weder an dieser noch an anderen Stellen in Betracht zieht, ist der Einsatz von Strategien, in dieser Situation beispielsweise von Problemlösungs- oder Notstrategien. Aber auch die verstehensstützenden Strategien Antizipation, Inferenzieren, Segmentierung und Wissensaktivierung, die Gegenstand dieser Arbeit sind, finden nicht bzw. nur ansatzweise Eingang in sein Modell. So führt er zwar ausgangs-

und zielsprachliches Wissen als wesentliche Komponenten des Langzeitgedächtnisses auf, lässt dabei jedoch kulturelles, Allgemein- und Fachwissen sowie Kontextwissen unberücksichtigt. Der entscheidende Punkt schließlich, der in Barbara Moser-Mercers Modell ausführlicher behandelt wird, ist der eigentliche Verstehens- und Informationsverarbeitungsprozess. David Gerver geht diesbezüglich nur auf die Dekodierung der Botschaft in der Ausgangssprache und die Enkodierung der Botschaft in der Zielsprache ein, während aus seinem Modell nicht hervorgeht, wie die eigentliche Übertragung funktioniert.

Ein weiteres, ebenfalls im Jahr 1976 veröffentlichtes Modell, ist „das dreigliedrige, zweisprachige Kommunikationssystem Dolmetschen" von Hella Kirchhoff, welches sowohl für Simultan- als auch für Konsekutivdolmetschen interpretiert werden kann (siehe Abbildung 2). In diesem wird die gemittelte Kommunikation als Interaktion zwischen zwei Primärpartnern, dem Sender mit dem ausgangssprachlichen Kode sowie dem Empfänger mit dem zielsprachlichen Kode, jeweils eingebettet in ihren soziokulturellen Hintergrund, und einem Sekundärpartner, dem Dolmetscher, dargestellt. Letzterer verfügt über eine bilinguale und bikulturale Kompetenz, auf Grundlage derer er einen Informationsaustausch zwischen den Primärpartnern ermöglicht. Dieser erfolgt in zwei Äußerungskomplexen: in Teilsystem A, mit der Äußerung des Senders in der Ausgangssprache und vor seinem soziokulturellen Hintergrund, sowie in Teilsystem B, wo der Dolmetscher diese in die Zielsprache und den entsprechenden soziokulturellen Hintergrund überträgt. Diese Äußerungen bestehen jeweils aus einer verbalen und einer aktionalen Komponente, die dementsprechend über den auditiven und den visuellen Kanal aufgenommen und daraufhin miteinander verbunden werden, um die Intention des Redners zu erkennen. In dieser Kommunikationssituation befindet der Dolmetscher sich in demselben Wahrnehmungsraum wie die beiden Primärpartner und wirkt in beiden Teilsystemen, einmal als Empfänger, einmal als Sender, mit. Allerdings ist er dabei als Mittler „extrakommunikativ" bei einer fremden Kommunikation tätig und muss sich deshalb um objektives Verstehen sowie eine funktionsadäquate Wiedergabe unter Berücksichtigung der Mitteilungsabsicht sowie der soziokulturellen Einbettung der Primärpartner bemühen. (vgl. Kirchhoff 1976)

Während letzteres unbestritten ist, betrifft der Hauptkritikpunkt an diesem Modell die „extrakommunikative" Stellung des Dolmetschers. Denn da dieser die Kommunikation erst ermöglicht und am gesamten Kommunikationsprozess aktiv beteiligt ist, kann ihm dabei keine Außenseiterrolle zugeschrieben werden. Des Weiteren ist auch er, wie die beiden Primärpartner, in einen soziokulturellen Hintergrund eingebettet zu sehen.

Hella Kirchhoff hat mit diesem Dolmetschmodell insofern Pionierarbeit geleistet, als dass sie sich als eine der ersten diesem Thema nicht rein linguistisch, sondern unter Einbezug vor allem kommunikationswissenschaftlicher und psychologischer Aspekte näherte. Dabei ließ sie selbst ihren eigenen informationstheoretischen Ansatz nicht in das Modell einfließen, nach dem der Simultandolmetschprozess ein Mehrphasenvorgang ist, der in seiner Grundverlaufsform vier aufeinander folgende Phasen aufweist: die Dekodierung, Umkodierung, ZS-Produktion und Outputkontrolle. Als reines Kommunikationsmodell eignet es sich jedoch nicht als Grundlage für diese Arbeit, auf der aufbauend die beim Simultandolmetschen zum Einsatz kommenden (vor allem verstehensstützenden) Strategien untersucht und beschrieben werden sollen.

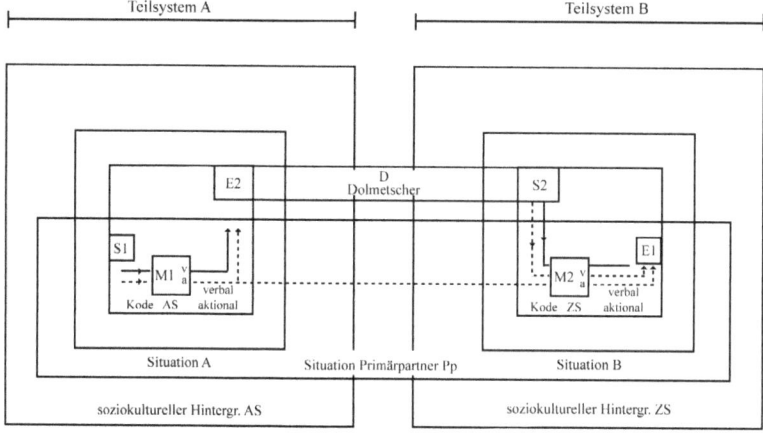

Abbildung 2: Hella Kirchhoffs „dreigliedriges, zweisprachiges Kommunikationssystem Dolmetschen" (1976)

Dieser einleitende Überblick über zwei Modelle zum Simultandolmetschen, die neben dem Barbara Moser-Mercers die Dolmetschforschung und -wissenschaft mit geprägt haben, lässt die verschiedenen Ansätze bei dem Versuch, den Simultandolmetschprozess zu veranschaulichen, deutlich werden. Er zeigt außerdem, wie wichtig der Einbezug anderer Disziplinen in die Dolmetschforschung ist, da sowohl David Gerver als auch Hella Kirchhoff Erkenntnisse verschiedener anderer Disziplinen, wie der Informationsverarbeitung, Psychologie und Kommunikationswissenschaft, in die Konzeption ihrer Modelle mit einfließen lassen und dadurch Fortschritte in der Dolmetschwissenschaft erzielt haben. Dies gilt insbesondere auch für Barbara Moser-Mercer, deren besonders umfassendes und komplexes Modell zum Simultandolmetschen im Folgenden genauer beschrieben werden soll.

2.1 Prof. Dr. Barbara Moser-Mercer

Frau Prof. Dr. Barbara Moser-Mercer wurde am 13.06.1950 als Barbara Moser in Stuttgart geboren. Sie besuchte die Volksschule in Matrei (am Brenner) und anschließend das Bundesrealgymnasium für Mädchen in Innsbruck. Das Schuljahr 1964/65 verbrachte sie an der Junior High School in San Pedro und an der High School in San Anselmo (beide in Kalifornien). Ab 1965 besuchte Barbara Moser die Bundeshandelsakademie in Bregenz, wo sie 1970 die Matura mit Auszeichnung ablegte. Im Sommersemester 1971 begann sie ihr Übersetzer- und Dolmetscherstudium am Institut für Übersetzer- und Dolmetscherausbildung der Universität Innsbruck. Dort legte sie 1973 ihre akademische Übersetzerprüfung sowie 1974 ihre Diplomprüfung für Dolmetschen in Englisch ab und bekam im Dezember 1974 den Magister der Philosophie verliehen. Anschließend war Barbara Moser eineinhalb Jahre als wissenschaftliche Hilfskraft und ein Semester lang als Lehrkraft am Dolmetscherinstitut angestellt, bevor sie das akademische Jahr 1975/76 in den USA verbrachte, wo sie als Fulbright-Stipendiatin Psycholinguistik und Neurolinguistik[2] an der University of Rochester (New York) studierte. Ab Oktober 1976 arbeitete sie als Hochschulassistentin wiederum am Dolmetscherinstitut der Universität Innsbruck, wo sie ihre Dissertation einreichte und daraufhin 1977 den Doktor der Linguistik und Psychologie verliehen bekam. Somit war Barbara Moser-Mercer eine der ersten Dolmetscher/innen, die eine Doktorarbeit verfasst haben, wie auch eine der ersten, die Erkenntnisse anderer Disziplinen in die Dolmetschwissenschaft integriert haben, insbesondere Erkenntnisse der Psycholinguistik und der kognitiven Psychologie. Nachdem sie zwischenzeitlich in einer leitenden Position am Monterey Institute of International Studies (Kalifornien) tätig war, ist Barbara Moser-Mercer heute

---

[2] Wissenschaft von den Wechselbeziehungen, die zwischen der klinisch-anatomischen und der linguistischen Typologie der Aphasie (Verlust des Sprechvermögens od. Sprachverständnisses infolge Erkrankung des Sprachzentrums im Gehirn) bestehen; Sprachpathologie. (vgl. Duden „Das Fremdwörterbuch")

Dozentin für Dolmetschen und Leiterin der Dolmetschabteilung an der Ecole de Traduction et d'Interprétation (ETI) der Universität Genf. Darüber hinaus arbeitet sie als freiberufliche Dolmetscherin, ist Mitglied und Konferenzdolmetscherin der AIIC[3] und bietet Schulungen für Dolmetschdozenten an der ETI, bei der AIIC und den europäischen Institutionen an. Im Rahmen ihrer wissenschaftlichen Arbeiten beschäftigt sie sich insbesondere mit Eignungstests für Konferenzdolmetscher, Stress beim Simultandolmetschen und Arbeitsbedingungen beim Dolmetschen allgemein.

2.2 Modell zum Simultandolmetschen

Das 1976 von Barbara Moser-Mercer entwickelte Modell zum Simultandolmetschen basiert auf dem Modell auditiver Informationsverarbeitung von Massaro (1975).
In Form eines Flussdiagramms beschreibt Barbara Moser-Mercer die einzelnen Schritte beim Simultandolmetschen, d.h. die aufeinander folgenden Phasen der Informationsverarbeitung und die parallel stattfindende Interaktion mit den jeweils beteiligten Gedächtnisspeichern (siehe Abbildung 3). Zur Erleichterung des Verständnisses ist anzuführen, dass eine ständige Interaktion mit dem rechts dargestellten Langzeitgedächtnis *(long term memory)* stattfindet und auf alle darin gespeicherten Informationen jederzeit zurückgegriffen werden kann. Dies erfolgt sowohl durch *bottom-up-Prozesse*, bei denen der Dolmetscher sich insbesondere auf die ausgangssprachlichen Informationen stützt, als auch durch *top-down-Prozesse*, bei denen er insbesondere sein Allgemeinwissen, Kontextwissen, seine Erfahrung etc. mit einbringt.
Während die im Modell aufgeführten Kästen die strukturellen Bestandteile darstellen, die die Art der eintreffenden Informationen beschreiben, stellen die Stichworte dazwischen die funktionellen Bestandteile dar, die die einzelnen Prozesse der Informationsverarbeitung beschreiben. Die Rauten symbolisieren Entscheidungspunkte, an welchen der Prozess entweder chronologisch fortgesetzt oder ein erneuter Versuch unternommen wird. Hierauf wird bei der nun folgenden Abhandlung der einzelnen Schritte noch genauer eingegangen.

---

[3] Association Internationale des Interprètes de Conférence (Internationaler Verband der Konferenzdolmetscher)

2.2.1 Erste Schritte der Informationsverarbeitung und primäre Erkennung

Eine Schallwelle (*sound wave pattern*) wird durch das Ohr (*auditory receptor system*) wahrgenommen. Um sie von anderen unterscheiden zu können, ist eine vollständige Schallwelle notwendig. Mit Zugriff auf bereits bekannte Klangmuster (*acoustic features*), dem ersten Bestandteil des Langzeitgedächtnisses, wird nun im Rahmen der Klangmustererkennung (*feature detection – readout process*) unterschieden, welche Klangmuster bereits bekannt sind und welche nicht. Bei diesem Vorgang wird alles, was gehört wird, verarbeitet, wobei die erkannten Klangmuster im akustischen Gedächtnis (*preperceptual auditory storage*) gespeichert werden.

Zu diesem Zeitpunkt setzt der aktive Prozess der primären Erkennung (*primary recognition*) ein. Mit Zugriff auf die phonologischen Regeln (*phonological rules*) der Ausgangssprache im Langzeitgedächtnis wird eine kleine Einheit bzw. Silbe (*perceptual unit of speech*) erstellt, wobei diese jeweils aus einem Vokal, einem Konsonant und einem Vokal oder einem Vokal und einem Konsonant bestehen kann. Jede Einheit ist durch eine Reihe unverwechselbarer besonderer Kennzeichen sowie ein „Syntheseprogramm" im Langzeitgedächtnis verankert. Im Falle einer Übereinstimmung mit diesen Kennzeichen und einer erfolgreich durchgeführten Synthese wird diese kleine Einheit im Ultrakurzzeitgedächtnis (*synthesized auditory memory*) gespeichert. Sobald jedoch neue Einheiten wahrgenommen werden, d.h. in der Regel nach 1-2 Sekunden, oder 5±2 Einheiten überschritten werden, zerfällt diese. Deshalb wird eine Sequenz kleiner Einheiten (*string of perceptual units*) erstellt, was selbst dann möglich ist, wenn nicht jeder einzelne Vokal oder Konsonant eines Wortes deutlich erkannt wurde.

2.2.2 Weitere Schritte der Informationsverarbeitung und sekundäre Erkennung

Es folgt die sekundäre Erkennung (*secondary recognition*), ein weiterer aktiver Erkennungsprozess, bei dem die Klanginformationen in begriffsgebundene Informationen umgewandelt werden. Dabei wird eine erste Analyse vorgenommen, um die Bedeutung der Sequenz kleiner Einheiten herauszufinden und diese dementsprechend zu Wörtern zu verbinden oder zu trennen. Dies geschieht mit Hilfe der syntaktischen und semantischen Kontextinformationen (*syntactic and semantic context information*) der Ausgangssprache im Langzeitgedächtnis. Aber nicht nur syntaktische und semantische Zwänge erleichtern die Worterkennung und Unterscheidung ähnlich klingender Wörter, sondern auch richtige Intonation und Betonung des Redners sowie Kontextinformationen, über die der Dolmetscher verfügt. Solche Informationen, zu denen Wissen über die Kommunikationssituation wie auch Wissen über das Diskussionsthema gehört, spielen somit bereits zu diesem frühen Zeitpunkt eine wichtige Rolle.

Wird daraufhin am Entscheidungspunkt „Wort??" (*word??*) das richtige Wort erkannt, wird der Prozess chronologisch fortgesetzt. Wird das Wort nicht erkannt oder passt es nicht in den Zusammenhang, was insbesondere bei Nicht-Muttersprachlern und freier Rede der Fall sein kann, wird ein erneuter Versuch unternommen (*wait for next unit*). Dabei wird der zuletzt zurückgelegte Abschnitt des Prozesses ab der Sequenz kleiner Einheiten neu begonnen und durchlaufen. Nachfolgende Informationen sowie Kontextinformationen werden daraufhin genutzt, um das richtige Wort erkennen und somit die nächste Verarbeitungsebene erreichen zu können. Dieser erneute Versuch kann zur Kontrolle auch dann durchgeführt werden, wenn auf Anhieb das richtige Wort erkannt wurde.

2.2.3 Kurzzeitgedächtnis

Barbara Moser-Mercer bezeichnet das Kurzzeitgedächtnis nicht als *„short term memory"*, sondern als *„generated abstract memory"*, als Gedächtnis, in dem einzelne Wörter aktiv verarbeitet werden. Mit Zugriff auf die syntaktischen und semantischen Kontextinformationen der Ausgangssprache im Langzeitgedächtnis werden die einzelnen erkannten Wörter in dieser Phase der Rekodierung syntaktisch und semantisch verarbeitet (*syntactic and semantic word processing*), um eine Sequenz einzelner erkannter Wörter (*string of processed words*) zu erstellen. Letztere wird daraufhin im Kurzzeitgedächtnis gespeichert, das maximal 7±2 Einheiten[4] verschiedener

---

[4] Diese 7±2 Einheiten gehen auf George A. Miller (1956) und seine empirischen Untersuchungen zurück. Dabei mussten die Versuchspersonen verschiedene Reize nach einmaliger Darbietung in der gleichen Reihenfolge reproduzieren. Erwartungsgemäß war dies bei zwei oder drei Reizen ohne Schwierigkeiten möglich und wurde mit zunehmender Anzahl der Reize schwieriger. Beispielsweise gelang es den meisten Probanden nicht, sich die Reihenfolge „AWTOHWSBCOTANMBI" als 16 einzelne Buchstaben zu merken und wiederzugeben. Wurden die Buchstaben jedoch neu gruppiert, wie hier in umgekehrter Reihenfolge als „IBM, NATO, CBS, WHO und TWA", gelang es den meisten, alle Buchstaben richtig wiederzugeben. Miller kam im Rahmen seiner empirischen Untersuchungen zu dem Schluss, dass sich eine Person ungefähr sieben solcher

Größen 15 bis 25 Sekunden lang speichern kann. Dabei benötigen ein Wort, ein Wortpaar und ein Satzteil jeweils die gleichen Speicherkapazitäten. Vor allem für Anfänger stellt das ein Hindernis dar, weil diese laut Barbara Moser-Mercer Schwierigkeiten haben, Informationen zusammenzufassen und zu wörtlichen Verdolmetschungen tendieren. Sie betont, dass jedoch nicht Wort für Wort übersetzt, sondern die Bedeutung einer Einheit übertragen werden soll. Darüber hinaus wenden Anfänger den Großteil ihrer Kapazitäten für die Zielsprachenproduktion auf, so dass ihnen weniger Kapazitäten für die anderen Prozesse, insbesondere zu wenig für die Rekodierung im Kurzzeitgedächtnis zur Verfügung stehen. Der dort ohnehin auf 7±2 Einheiten begrenzte Speicherplatz wird dadurch noch weiter verringert, was zur Folge hat, dass Anfänger mit ihrer Verdolmetschung zu früh einsetzen. Allgemein gilt, je mehr Kapazitäten für die sekundäre Erkennung aufgewandt werden müssen, umso weniger Kapazitäten bleiben für die Phase der Rekodierung und die darauf folgenden Phasen. Und je mehr Kapazitäten für die Phase der Rekodierung aufgewandt werden müssen, umso weniger Kapazitäten bleiben wiederum für die darauf folgenden Phasen. Das Verteilen der Kapazitäten geschieht dabei überwiegend unbewusst, wird zum Teil aber auch bewusst vorgenommen.

Erneut mit Zugriff auf die syntaktischen und semantischen Kontextinformationen der Ausgangssprache im Langzeitgedächtnis und auf das Allgemeinwissen wird nun die Sequenz einzelner erkannter Wörter syntaktisch und semantisch verarbeitet (*syntactic and semantic word string processing*). Wird daraufhin am Entscheidungspunkt „sinnvolle Satzeinheit??" (*meaningful phrase unit??*) eine sinnvolle Satzeinheit erkannt, wird wie beim ersten Entscheidungspunkt das betreffende Element für die weitere Verarbeitung verfügbar gemacht. Wird keine sinnvolle Satzeinheit erkannt, wird es an die vorherige strukturelle Komponente, die Sequenz einzelner erkannter Wörter zurückgeleitet. Daraufhin werden wieder nachfolgende Informationen sowie Kontextinformationen genutzt, um eine sinnvolle Satzeinheit erkennen und somit die nächste Verarbeitungsebene erreichen zu können. Hierbei liefern Verben die wichtigsten und entscheidenden Informationen, da die Bedeutung einer Satzeinheit ohne das dazugehörige Verb oft nicht klar ist. Dolmetschern bereitet das vor allem dann Schwierigkeiten, wenn die Verben in der Ausgangssprache aufgrund des Satzbaus erst spät genannt werden, für die Zielsprachenproduktion aber schon früh benötigt werden, was beispielsweise beim Dolmetschen aus dem Deutschen

---

Gedächtniseinheiten merken kann, für welche er den Begriff „chunks" geprägt hat. (vgl. Ingrid Kurz 1996:84/85)

ins Französische oder Englische der Fall ist. Eine von ihnen unter diesen Umständen angewandte Strategie ist die Antizipation, die in den meisten Fällen mit Hilfe von Kontextinformationen und Allgemeinwissen erfolgreich durchgeführt werden kann. Hierauf wird unter 3.1.1 noch genauer eingegangen.

Wurde die Rekodierungsphase des Prozesses erfolgreich durchlaufen, steht nun ein Satzteil als Grundlage für das weitere Satzverständnis zur Verfügung (*recoded phrase: available for use in further sentence processing*), auf welchen mittels Wiederholung (*rehearsal*) 15 bis 25 Sekunden lang zurückgegriffen werden kann. Sobald die Bedeutung eines Satzteils erkannt wird, wird jedoch dessen wörtliche Form vergessen. Darüber hinaus wird die Bedeutung eines Satzteils entweder vollständig in Erinnerung behalten oder der gesamte Satzteil vergessen, d.h. erinnert man sich an eine Einheit eines Satzteils, erinnert man sich meist an den gesamten Satzteil.

2.2.4 *Langzeitgedächtnis*

Dem Langzeitgedächtnis kommt in Barbara Moser-Mercers Modell eine besondere Bedeutung zu, da während des Dolmetschprozesses ständig auf die dort gespeicherten Informationen zurückgegriffen wird. Um die weiteren Schritte in diesem Modell nachvollziehen zu können, ist es wichtig zu wissen, wie diese Informationen im Langzeitgedächtnis gespeichert sind.

2.2.4.1 *Wissensspeicherung*

In der einschlägigen Literatur wurden bis heute zahlreiche Formen der Wissensorganisation vorgestellt und mit unterschiedlichen Begriffen belegt, wobei deren Abgrenzung nicht immer eindeutig vorzunehmen ist. So wurden u.a. *frames* (Minsky 1975), *scripts* (Schank & Abelson 1977), *scenarios* (Sanford & Garrod 1981) und *schemata* (Kintsch & van Dijk 1978 sowie Brown & Yule 1983) eingeführt. Die derzeit am weitesten verbreitete und auch von Barbara Moser-Mercer vertretene Auffassung besagt, dass das Speichern des semantischen Wissens im Langzeitgedächtnis des Dolmetschers sprachenunabhängig erfolgt. Moser-Mercer beschreibt, dass semantische Informationen in Konzepten (*concepts*) gespeichert sind, die jeweils für eine Bedeutungseinheit stehen. Laut Rumelhart, Lindsay und Norman (1972) setzt sich ein Konzept wiederum aus zwei oder mehreren *primary nodes*, einem *secondary node* und deren Verknüpfungen (*rela-*

tions) zusammen. Die *primary nodes* beziehen sich direkt auf das der Bedeutungseinheit entsprechende Wort in zwei oder mehreren Sprachen und umfassen phonetische Muster zur Spezifizierung des Klanges, sensorische Muster zur Spezifizierung der die Sinne betreffenden Informationen sowie syntaktische und semantische Muster zur Spezifizierung der Bedeutung und Verwendung dieser Wörter. Der *secondary node* bezieht sich auf das der Bedeutungseinheit entsprechende „Bild im Kopf" (*mental image*), d.h. auf ihren Inhalt in einem bestimmten Kontext. Für den Dolmetscher ist es dabei besonders wichtig, diesen Inhalt aus Sicht der beteiligten Kulturgemeinschaften zu kennen, da er von einer Kulturgemeinschaft zur anderen und, vor allem bei abstrakten Bedeutungseinheiten, sogar von einem Individuum zum anderen variieren kann. Außerdem können zum einen mehrere Bilder (*mental images*) mit einem Wort in Verbindung gebracht werden, wobei Moser-Mercer (1976:111) für das Konzept „warm" als Beispiele „the conceptual image of a sunny day on the beach, the conceptual image of feeling cosy, the conceptual image of climbing a hill, etc." nennt. Zum anderen können in einer Sprache mehrere Wörter denselben Inhalt ausdrücken, was beispielsweise bei Synonymen oder Substantiven und Verben mit gleicher Bedeutung der Fall ist. Generell sind innerhalb eines Konzepts die *primary nodes* stärker mit dem *secondary node* verknüpft als die *primary nodes* untereinander, d.h. Wörter und Inhalt sind stärker miteinander verknüpft als die Wörter der verschiedenen Sprachen untereinander. Die einzelnen Konzepte können schließlich zu neuen Konzepten zusammengefügt werden. So können sie beispielsweise auch eine Art Kette von allgemeinen hin zu konkreten Konzepten oder umgekehrt bilden, wofür Collins und Quillian (1972:319, zitiert nach Moser 1976:110/111) als Beispiele „a hawk is a bird and a bird is an animal ..." und „to sprint → to run → to go → to do" anführen. Das Langzeitgedächtnis ist somit ein aus Konzepten und Verknüpfungen bestehendes Netz(werk) (*conceptual network*), das durch Wissenserwerb und neue Informationen ständig erweitert und verfeinert wird. So kann zum einen eine neue Information die Verknüpfung bereits bestehender Konzepte ermöglichen oder durch Kombination einzelner Konzepte gespeichert werden, wobei nur ihre Bedeutung und weder die genaue Struktur der Äußerung noch Einzelheiten bewahrt werden. Zum anderen können Konzepte zu noch größeren und komplexen Einheiten zusammengefügt werden, die beispielsweise Wissen über stereotype Handlungsabläufe beinhalten. (vgl. Moser 1976:95-113)

2.2.4.2 Dolmetschprozess

Sobald ein Satzteil zur Verfügung steht, wird im aus Konzepten bestehenden Netz(werk) im Langzeitgedächtnis nach den Konzepten gesucht, die diesem entsprechen (*search for conceptual base*). Ist diese Suche erfolgreich und kann der Dolmetscher die darauf folgende Frage „entsprechende Konzepte gefunden??" (*conceptual base found??*) bejahen, verfügt er im Kurzzeitgedächtnis über eine Struktur dieses Satzteils, die von den grammatikalischen Strukturen einer Sprache unabhängig ist (*prelinguistic semantic structure*). Ist diese Suche nicht direkt erfolgreich und muss der Dolmetscher diese Frage verneinen, muss er den Vorgang unter Umständen mehrmals wiederholen, bis der Prozess chronologisch fortgesetzt werden kann. Die Möglichkeit, dass der Dolmetscher keine entsprechenden Konzepte findet und deshalb die Verarbeitung dieses Satzteils aufgeben muss, erwähnt Barbara Moser-Mercer zwar bei der Beschreibung ihres Modells, nimmt sie jedoch nicht mit in das Flussdiagramm auf, da dieser Punkt das Bild ihrer Meinung nach unnötig verkompliziert hätte.

Nach den Konzepten werden im Langzeitgedächtnis die Verknüpfungen zwischen deren *primary* und *secondary nodes*, d.h. den Wörtern in der Ausgangssprache und deren Inhalt im betreffenden Kontext, aktiviert (*activation of conceptual relations*). Kann daraufhin die Frage „Bedeutung verstanden??" (*meaning understood??*) bejaht werden, wird der Prozess chronologisch fortgesetzt. Muss sie jedoch verneint werden und benötigt der Dolmetscher am Entscheidungspunkt „mehr Input notwenig?" (*more input needed?*) noch mehr Input, um die Bedeutung des Satzteils zu verstehen, wird ein erneuter Versuch unternommen. Dabei wird mittels Wiederholung auf den im Kurzzeitgedächtnis gespeicherten Satzteil zurückgegriffen und der zuletzt zurückgelegte Abschnitt von da an neu begonnen und durchlaufen. Benötigt er hingegen kein Input mehr, muss der Abschnitt erst ab der Suche nach den dem Satzteil entsprechenden Konzepten im Langzeitgedächtnis wiederholt werden.

Erst wenn die Bedeutung des Satzteils verstanden wird, wird auf das zielsprachliche Wissen im Langzeitgedächtnis zurückgegriffen. Dafür werden die Verknüpfungen zwischen den *secondary* und *primary nodes* der Zielsprache aktiviert, die im aus Konzepten bestehenden Netz(werk) gespeichert sind (*activation of target language elements residing at the nodes of the conceptual network*). Kann daraufhin die Frage „Aktivierung vollständig??" (*activation complete??*) bejaht werden, wird das betreffende Element für die weitere Verarbeitung verfügbar gemacht. Muss sie jedoch verneint werden und versucht der Dolmetscher nach dem Entscheidungspunkt

„nochmals versuchen?" (*try again?*) nochmals die entsprechenden Wörter in der Zielsprache zu aktivieren, wird der letzte Schritt der Informationsverarbeitung, d.h. die Aktivierung der Verknüpfungen zwischen den *secondary* und *primary nodes* der Zielsprache im Langzeitgedächtnis wiederholt. Versucht er dies aufgrund von erschöpfter Verarbeitungskapazität, Zeitdruck etc. nicht nochmals, wird die Verarbeitung der betreffenden Elemente aufgegeben (*discard STOP*). Diese Entscheidung hängt somit stark von der individuellen Disposition des Dolmetschers sowie von seiner Persönlichkeit ab.

Sobald die zielsprachlichen Wörter aktiviert sind, werden mit Zugriff auf die syntaktischen und semantischen Kontextinformationen der Zielsprache im Langzeitgedächtnis (*syntactic and semantic contextual information target language*) zuerst diese (*syntactic and semantic word processing*) und schließlich Sequenzen einzelner Wörter (*syntactic and semantic word string processing*) weiterverarbeitet. So entsteht eine vorläufige „Verdolmetschung im Kopf" (*paraphrase*).

An dieser Stelle wird in Barbara Moser-Mercers Modell die Entscheidungsfrage „Antizipation möglich?" (*prediction possible?*) gestellt. Ist Antizipation durch Zugriff auf das im Langzeitgedächtnis gespeicherte Kontext- und Allgemeinwissen (*contextual knowledge / general knowledge*) möglich, kann der Dolmetscher die Verarbeitung des derzeitigen Inputs aufgeben (*discard current input*), da er dessen Inhalt bereits antizipiert hat. Dabei kann er alle Schritte der Informationsverarbeitung zwischen der Klangmustererkennung, bei der alles, was gehört wird, verarbeitet wird, und der Aktivierung der Verknüpfungen zwischen den *secondary* und *primary nodes* der Zielsprache im Langzeitgedächtnis überspringen.

Wird schließlich am Entscheidungspunkt „Verdolmetschung im Kopf richtig?" (*paraphrase correct?*) die Verdolmetschung für nicht richtig befunden, stellt sich erneut die Frage, ob die Bedeutung des betreffenden Satzteils verstanden wurde und der letzte Abschnitt wird ab dieser Stelle neu begonnen und durchlaufen. Wird die „Verdolmetschung im Kopf" als richtig erachtet, wird sie schließlich mit Zugriff auf die phonologischen Regeln der Zielsprache im Langzeitgedächtnis (*phonological rules target language*) artikuliert (*target language - output*).

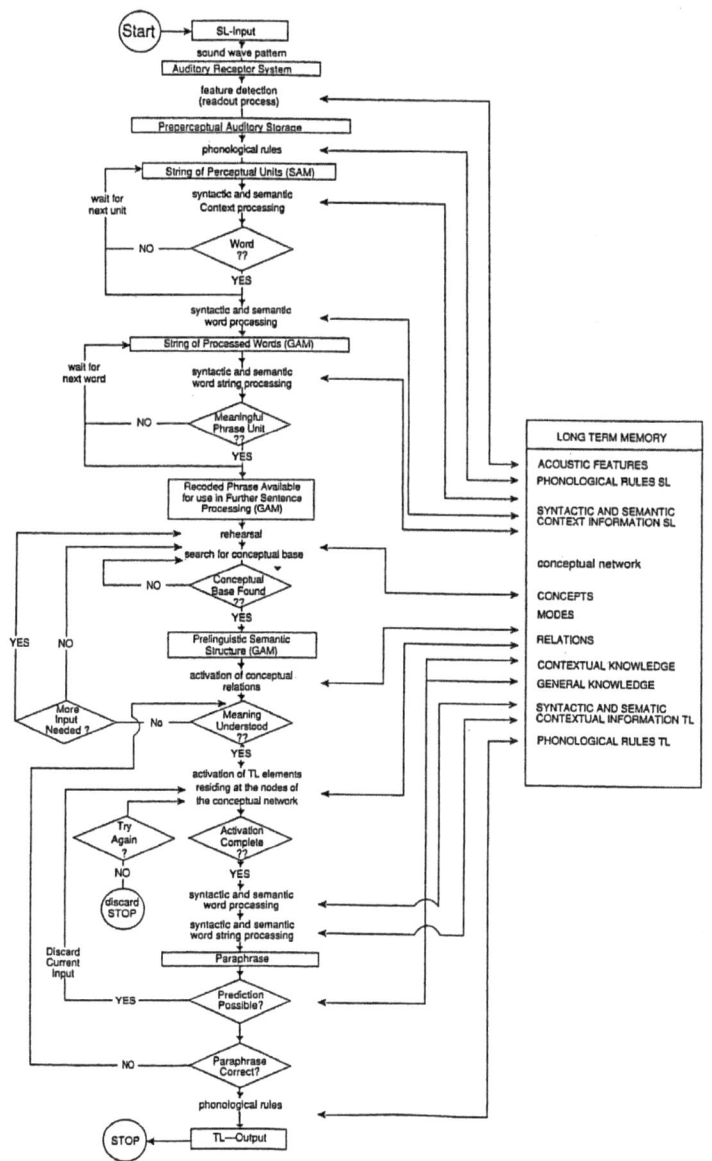

Abbildung 3: Barbara Mosers Modell zum Simultandolmetschen (1976)

3 Strategien beim Simultandolmetschen

Wie in Barbara Moser-Mercers Modell deutlich wird, ist Simultandolmetschen ein komplexer kognitiver Vorgang, in dessen Verlauf zahlreiche Prozesse gleichzeitig bewältigt werden müssen. Dies erfordert vom Dolmetscher den Einsatz simultanspezifischer Strategien. Darunter versteht man bestimmte Verfahrensweisen zum Vermeiden bzw. Lösen von simultanspezifischen Schwierigkeiten bei der Erstellung einer adäquaten und kohärenten Verdolmetschung. Da er dazu in den meisten Fällen auf verschiedene Strategien zurückgreifen kann, muss der Dolmetscher sich jeweils zielorientiert für ein bestimmtes strategisches Vorgehen entscheiden. Dieses umfasst nicht nur eine isolierte Strategie, sondern eine schnelle Aufeinanderfolge von Strategien, die sich gegenseitig bedingen, auslösen und überschneiden. Somit besteht eine ständige Interaktion und Interdependenz verschiedener Strategien, die teilweise bewusst, oft aber auch unbewusst eingesetzt werden. Für den Dolmetscher gilt es, sich die simultanspezifischen Schwierigkeiten sowie die jeweiligen Lösungswege so weit wie möglich bewusst zu machen und zu generalisieren, so dass die Strategien in einem höheren Bewusstseinsgrad zielorientiert eingesetzt und schließlich automatisiert werden können. Die Effizienz der einzelnen gewählten Strategien und ihrer Interaktion ist nicht zuletzt entscheidend für die Qualität der gesamten Dolmetschleistung.

Diese Strategien, die von Lederer (1981) auch als „méthodes" oder „techniques" und von Gile (1989) als „tactiques" bezeichnet werden, können nach verschiedenen Gesichtspunkten kategorisiert werden. Dabei gibt es jedoch zahlreiche globale Strategien, die bei jeweils allen Möglichkeiten eingesetzt werden können. Eine erste Kategorisierung kann in Bezug auf den Ausführungsmodus vorgenommen werden, wobei neben globalen Strategien konsekutivspezifische und simultanspezifische Strategien unterschieden werden. Des Weiteren kann in Bezug auf die Verarbeitungsebene eine Unterscheidung zwischen Mikro- und Makrostrategien getroffen werden. Dabei werden Mikrostrategien auf lexikalischer und Makrostrategien auf satzübergreifender Ebene sowie auf die ganze Rede bezogen eingesetzt, um die Struktur einer Rede nachvollziehen zu können. Und schließlich kann eine Differenzierung zwischen verstehensstützenden Strategien und Strategien zur Zieltextproduktion vorgenommen werden.

Diese verstehensstützenden Strategien sollen im Folgenden genauer analysiert werden. Als Grundlage dienen dabei insbesondere die Werke von Daniel Gile (1995), Sylvia Kalina (1998), Ingrid Kurz (1996), Marianne Lederer (1981), Franz Pöchhacker (1994) und Danica Seleskovitch (1968).

3.1 Verstehensstützende Strategien

3.1.1 Antizipation

Antizipation (anticipation) kommt vom Lateinischen „anticipatio", was für „ursprüngliche Vorstellung" und „Vorbegriff" steht. Dementsprechend kommt antizipieren (to anticipate) von „anticipare" und steht für „vorwegnehmen". Laut Duden „Das Fremdwörterbuch" bedeutet Antizipation im vorliegenden Fall „Vorwegnahme von etw., was erst später kommt od. kommen sollte, von zukünftigem Geschehen" und antizipieren entsprechend „etwas [gedanklich] vorwegnehmen".
Antizipatorisches Verstehen spielt sowohl in der monolingualen Kommunikation des täglichen Lebens als auch beim Dolmetschen eine wichtige Rolle und ist insbesondere beim Simultandolmetschen unverzichtbar. Hierbei nimmt Antizipation einen strategischen Charakter an und dient nicht nur als verstehensstützende Strategie, sondern auch als Strategie zur Zieltextproduktion.
Sylvia Kalina beschreibt den strategischen Charakter der Antizipation beim Simultandolmetschen wie folgt:

„Auf der Basis gezogener Inferenzen und weiterer textgebundener sowie nicht textgebundener Indikatoren kann der Dolmetscher (mittels *mental modelling*) Hypothesen aufbauen und Äußerungssegmente *antizipieren*, bevor sie vom Redner tatsächlich geäußert wurden. Der Aufbau von Erwartungen und die hieraus abgeleitete Bildung von Hypothesen können bereits als textgebundenes Verstehen auf der Grundlage von Vorbereitungsinformationen beginnen und auf der Basis des einlaufenden Textes verstärkt werden. Beides wird als strategisches Verhalten aber besonders deutlich, wenn im Verlauf einer Konferenz immer mehr Indikatoren hierfür zur Verfügung stehen. Antizipation ist im Dolmetschprozeß ein sowohl *bottom up* als auch *top down* verlaufender strategischer Prozeß, der in bestimmten Fällen (aufgrund starker struktureller Divergenzen in Sprachenpaaren bzw. bei bestimmten Verarbeitungsrichtungen) verstärkt als Basis für die Textproduktion dienen muß. Als simultanspezifische Antizipation wird die auf der Basis der Hypothesenbildung bereits vorgenommene ZT-Produktion bezeichnet, die stattfindet, bevor das AT-Element, zu dem es das Äquivalent bilden soll, überhaupt geäußert wurde. Der generell in den unterschiedlichsten Situationen des täglichen Lebens auftretende Antizipationsprozeß erhält hiermit einen stärker (auf die ZT-Produktion) zielgerichteten und damit strategischen Charakter." (Kalina 1998:117).

Beim Simultandolmetschen werden zwei verschiedene Arten von Antizipation unterschieden.
Die erste Art ist die Antizipation als *bottom-up* verlaufende Strategie, das heißt Antizipation, die durch die sprachliche Struktur des Ausgangstextes

ermöglicht wird. Hierzu wird auf das im Langzeitgedächtnis gespeicherte Wissen über die Ausgangssprache zurückgegriffen, wobei einerseits syntaktisches und andererseits semantisches Wissen zu unterscheiden sind. Die Syntax einer Sprache ist durch syntaktische Regeln festgelegt, so dass verschiedene Wortarten in einem Satz nicht zufällig aufeinander folgen, sondern mit mehr oder weniger großer Wahrscheinlichkeit. Durch die Kenntnis dieser Regeln, auf die der Dolmetscher unbewusst zurückgreift, erhält dieser syntaktische Hinweise auf den Fortgang der Rede, wodurch Antizipation erleichtert wird und Verarbeitungskapazitäten verringert und eingespart werden können. Im Zusammenhang mit der Syntax einer Sprache wird auch deutlich, dass die Rolle, die die Antizipation beim Dolmetschen spielt, von der Sprachenpaarkombination sowie der Dolmetschrichtung abhängig ist. So ist Antizipation beispielsweise beim Simultandolmetschen aus dem Französischen ins Deutsche relativ selten, da aufgrund der syntaktischen Strukturen von Ausgangs- und Zielsprache hierfür meist keine Notwendigkeit besteht. Vom Deutschen ins Französische hingegen spielt die Antizipation eine viel wichtigere Rolle. Der Hauptgrund hierfür ist das Verb, das im Deutschen oft erst am Ende des Satzes steht, im französischen Satzbau jedoch schon viel früher benötigt wird. In diesem Fall muss der Dolmetscher das Verb antizipieren oder, wenn er die Bedeutung des Verbs noch nicht erahnen kann, seinen Satz so neutral wie möglich formulieren und, wenn nötig, anschließend präzisieren. An dieser Stelle sei erwähnt, dass Antizipation nicht bedeutet, die genaue Wortwahl des Redners, sondern den inhaltlichen Fortgang eines Teilstücks seiner Rede vorauszuahnen. Kann der Dolmetscher diesen antizipieren, kann er ihn dolmetschen, ohne die im Ausgangstext verwendeten Wörter gehört zu haben und sich wortwörtlich auf diese beziehen zu müssen. Neben Verben stellen auch Anhäufungen von Adjektiven vor einem Substantiv eine Schwierigkeit beim Simultandolmetschen aus dem Deutschen ins Französische dar, weil die französische Syntax meist erfordert, dass das Substantiv vor dem Adjektiv bzw. den Adjektiven steht. In diesem Fall gilt es, das Substantiv zu antizipieren oder ein neutrales Substantiv zu wählen, das anschließend präzisiert werden kann. Ist dem Dolmetscher dies nicht möglich, muss er sich die Adjektive notieren, die er sich nicht merken kann, um sie auch noch nachdem er das Substantiv gehört und gedolmetscht hat parat zu haben. Bei dieser Lösung muss er jedoch an der Stelle, an der er auf das Substantiv wartet, eine Pause in Kauf nehmen, welche die Flüssigkeit seiner Verdolmetschung beeinträchtigen kann.

Das semantische Wissen bezieht sich vor allem auf Kollokationen, das heißt auf sprachliche Einheiten, die für gewöhnlich miteinander kombiniert werden (vgl. Duden „Das Fremdwörterbuch"). Hat der Dolmetscher die erste Einheit gehört, bringt er sie automatisch mit der dazugehörigen Einheit bzw. den dazugehörigen Einheiten in Verbindung. Somit hat er diese und dadurch den Inhalt des Teilstücks bereits vor deren Äußerung verstanden. Die Verdolmetschung kann daraufhin zeitgleich mit oder sogar bereits vor der Originalrede erfolgen. Dies gilt sowohl für Kollokationen von gepaarten Konjunktionen (hat der Redner beispielsweise „nicht nur" gebraucht, weiß der Dolmetscher, dass die Ergänzung „sondern auch" folgen muss) als auch für Kollokationen von Substantiven und Verben (beispielsweise „den Bedarf ... decken" oder „den Herausforderungen ... begegnen"). Neben syntaktischen tragen somit auch semantische Hinweise auf den Fortgang der Rede zur Erleichterung der Antizipation und zur Verringerung der benötigten Verarbeitungskapazität bei.

Die zweite Art der Antizipation ist die Antizipation als *top-down* verlaufende Strategie, das heißt Antizipation, die durch ebenfalls im Langzeitgedächtnis gespeichertes Allgemeinwissen sowie Wissen über den Anlass, das Thema und den voraussichtlichen Inhalt der Rede ermöglicht wird. Entscheidend ist hierbei, dass die Äußerungen einer anderen Person antizipiert werden müssen, weshalb es vor allem auch auf das Wissen ankommt, das der Redner und der Dolmetscher gemeinsam haben. Besonders vorteilhaft für den Dolmetscher ist es somit, den Redner, insbesondere seine eventuell von früheren Anlässen her bekannte Einstellung zum betreffenden Thema sowie die Art seiner Rede zu kennen. Hierbei wird deutlich, wie wichtig eine gute Vorbereitung auf einen Dolmetschauftrag ist, bei welcher der Dolmetscher sich im günstigsten Fall sowohl mit ihm zur Verfügung gestellten Konferenzunterlagen und Vorbereitungsmaterial als auch mit dem Thema und den Rednern auseinandersetzen und sich Fachvokabular aneignen kann. Gestützt auf seine vorbereitende Recherche und dadurch auf sein Wissen, baut der Dolmetscher bereits vor der Rede eine Erwartungshaltung auf, die während der Rede durch aus dem Kontext abgeleitete Erwartungen und daraus gebildete Hypothesen modifiziert und/oder ergänzt wird. Hilfreich sind dem Dolmetscher dabei auch in der Rede enthaltene Hinweise auf deren Fortgang, wie beispielsweise die logische Verknüpfung der Gedanken, Intonation und Satzmelodie.

Franz Pöchhacker fasst die für den Wissenserwerb und damit für die Antizipation hilfreichen Faktoren einer Konferenz folgendermaßen zusammen:

„Ein erster Antizipationsrahmen liegt auf der Ebene des Hypertextes, wo die Identität des Initiators bzw. Veranstalters und die Zuordnung der „Konferenz" zu einem bestimmten Typ den Aufbau einer Erwartungshaltung ermöglichen. Veranstaltungszweck, Titel und Teilnehmerkreis können Aufschluß über Art und Inhalt der zu bearbeitenden

Texte und deren kommunikative Funktion geben. In der konkreten Interaktionskonstellation kommen gemäß der Aktantenmodellierung Rollenerwartungen und Annahmen über typisches Vorwissen, Können und Verhalten zum Tragen. Auch schematisches Wissen um menschliche Absichten, Ziele und Intentionen, die in einer Kommunikationssituation wirksam werden, hat antizipatorische bzw. verstehenssteuernde Wirkung." (Pöchhacker 1994:89).

In vielen Fällen ermöglicht jedoch erst die Interaktion von textgebundenen und nicht textgebundenen Indikatoren auf mehreren Ebenen Antizipation. All diese Indikatoren tragen zur Erleichterung und Beschleunigung des Verstehensprozesses des Dolmetschers bei und ermöglichen somit das Antizipieren von noch nicht bzw. noch nicht vollständig Ausgesprochenem, wodurch der Dolmetscher ein unvollständiges Äußerungssegment wie ein vollständiges behandeln kann.

Im Allgemeinen stellen dabei sprachlich präzise, gut strukturierte und informative Reden zwar oftmals hohe Anforderungen an die Verstehens- und Transferkompetenz des Dolmetschers, erleichtern ihm aber auch das Mitdenken und somit Antizipationsprozesse. Freiere Reden dagegen werden zwar meist in niedrigerem Vortragstempo gehalten, sind jedoch oft auch weniger logisch durchdacht, weisen mehr Einschübe auf, und häufig werden wichtige Informationen nicht explizit ausgedrückt. Letzteres ist für bestimmte Rezipienten, wie Experten mit großem Fachwissen, nicht unbedingt notwendig, erleichtert jedoch dem Dolmetscher die Arbeit.

Das eigentliche Ziel des Antizipierens ist, den Verstehensprozess des Originals zu „überspringen", wodurch die Verarbeitung des bereits antizipierten Teilstücks wegfällt und es direkt zur Aktivierung der Zielsprache kommen kann. Die somit eingesparten Verarbeitungs- und Aufmerksamkeitskapazitäten stehen daraufhin für andere Operationen zur Verfügung, wodurch die Gedächtniskapazität generell entlastet und die Häufigkeit der im Zusammenhang mit Kapazitätenmanagement auftretenden Probleme verringert werden kann. Auch wenn noch geprüft werden muss, ob das Original auch wirklich den Erwartungen und antizipierten Segmenten entspricht, ermöglicht Antizipation einen „Sprung" bei der kognitiven Verarbeitung.

Die Entscheidung für oder gegen das Antizipieren und im letzteren Fall für das Speichern längerer Segmente im Kurzzeitgedächtnis, hängt immer auch stark von der individuellen Disposition des Dolmetschers sowie seiner Persönlichkeit ab. Selbstverständlich ist Antizipation immer mit einem gewissen Risiko verbunden und es besteht die Gefahr, dass das antizipierte Segment durch das vom Redner im weiteren Verlauf Gesagte nicht bestätigt wird. Solange dieses noch nicht formuliert ist, hat der Dolmetscher die

Möglichkeit, den mit anderen Erwartungen begonnen Satz gemäß dem Gedanken des Ausgangstextes zu vollenden. Wurde das Segment jedoch bereits als eine falsche Antizipation, nur teilweise richtige Antizipation oder Ungenauigkeit formuliert, sollte der Dolmetscher seine Fassung je nach Schwere des Fehlers unter Anwendung von Korrektur- oder Notstrategien beheben. Ob er dies tut oder nicht hängt vor allem auch davon ab, wie viel Kapazität er noch zur Verfügung hat, wie gravierend der Fehler war und von welcher Bedeutung das jeweilige Textsegment für das Gesamtverständnis ist.

3.1.2 Inferenzieren

Eng mit der Antizipation verbunden ist das Inferenzieren oder Inferenzziehen (inferencing), das ebenfalls sowohl in der monolingualen Kommunikation des täglichen Lebens als auch beim Dolmetschen eine wichtige Rolle spielt. Im Gegensatz zur Antizipation dient Inferenzieren beim Dolmetschen jedoch als rein verstehensstützende Strategie zum Lösen von Schwierigkeiten im Verstehensprozess.
Sylvia Kalina beschreibt Inferenzieren als verstehensstützenden strategischen Prozess wie folgt:

„Beim *Inferenzziehen (inferencing)* handelt es sich ebenfalls um auch in der monolingualen Kommunikation ablaufende strategische Prozesse. Inferenzieren kann unterschiedliche Zielsetzungen haben; es kann z. B. der Überbrückung von Wissenslücken dienen, wenn der Textproduzent die entsprechenden Wissensbestände als beim Rezipienten vorhanden angenommen hat; es kann auch bei der Schließung von Wahrnehmenslücken helfen. Im Dolmetschprozess ist das Inferenzieren besonders dann als strategisches Vorgehen von Bedeutung, wenn aufgrund von Prozeßbedingungen (schneller AT-Vortrag, Hörkapazität ist aufgrund hohen Speicherbedarfs überfordert, Ablenkung, Störungen etc.) Elemente des AT nicht (vollständig) wahrgenommen wurden. Diese Strategie dient also zur Bewältigung von Schwierigkeiten, die im Verstehensvorgang auftreten." (Kalina 1998:116).

Die Schwierigkeiten beziehen sich somit vor allem auf Wahrnehmungs- und Wissenslücken des Dolmetschers.
Wahrnehmungslücken können sowohl auf externe Faktoren als auch auf die Kompetenz des Dolmetschers zurückzuführen sein. Die externen Faktoren umfassen hierbei unter anderem technische Störungen, die kurzzeitig zu partieller akustischer Unverständlichkeit des Redners führen, sowie eine zu schnelle, mangelhaft präsentierte oder auch nicht zusammenhängende Originalrede. Von der Kompetenz des Dolmetschers hängt beispielsweise ab,

wie gut er mit einem ungewohnten Dialekt oder Akzent zurechtkommt oder auch wie schnell die für das Hörverstehen zur Verfügung stehende Kapazität erschöpft ist. Ist letzteres der Fall, zerfällt eine im Ultrakurzzeitgedächtnis gespeicherte phonemische Einheit bevor sie weiter verarbeitet werden kann bzw. wird ein Wort oder Textsegment gar nicht erst wahrgenommen. Wissenslücken können sowohl auf fehlendes lexikalisches oder terminologisches Wissen als auch auf fehlendes Allgemein- oder Fachwissen des Dolmetschers zurückzuführen sein. Des Weiteren treten diese Lücken auf, wenn der Redner für den Rezipienten notwendige Informationen nicht explizit äußert (*missing links*), weil er das entsprechende Wissen beim Rezipienten voraussetzt.

Hat der Dolmetscher aus einem der oben genannten Gründe ein Wort oder Textsegment nicht oder nicht vollständig gehört oder verstanden, wendet er die Strategie des Inferenzierens an, wobei er die Bedeutung des fehlenden Wortes oder Textsegments schlussfolgert, ergänzt und daraufhin dolmetscht. Das Inferenzieren erfolgt dabei meist als *top-down* verlaufende Verstehensstrategie, bei der der Dolmetscher sich unter Einsatz seines im Langzeitgedächtnis gespeicherten Allgemeinwissens und seiner Erfahrung auf die gehörten und bereits teilweise gedolmetschten Informationen sowie auf den Kontext, die Logik, Kohärenz und Redundanz der Rede stützt. Redundanzen und Wiederholungen, als für das Dolmetschen wichtiges Merkmal freier Rede, erhöhen in diesem Zusammenhang die Wahrscheinlichkeit dafür, dass der Dolmetscher von den geäußerten auf die nicht geäußerten oder nicht (vollständig) gehörten Segmente schließen kann. Als Quelle der Redundanz dienen sowohl sprachliche oder textgebundene als auch außersprachliche oder nicht textgebundene Indikatoren.

Franz Pöchhacker bestätigt und unterstreicht die Bedeutung des Wissens für die Strategie des Inferenzierens:

„Verfolgt man das Thema Inferenz tatsächlich bis in den Bereich der experimentellen psychologischen Forschung (...), so wird sehr bald deutlich, daß die Problematik der Inferenzprozeße untrennbar verbunden ist mit jener der Bedeutungs- und Wissensrepräsentation: Auf der Basis einer holistischen Textrepräsentation in Form von kognitiven Modellen, schematischen Wissensstrukturen etc. wird von viel reichhaltigeren Inferenzprozeßen ausgegangen als bei einer seriellen, streng *bottom-up* verlaufenden Verarbeitung von Textpropositionen (...)." (Pöchhacker 2002:138).

Handelt es sich nämlich um Wahrnehmungslücken, kann das Inferenzieren auch als *bottom-up* verlaufende Verstehensstrategie erfolgen, bei welcher der Dolmetscher sich auf das im Langzeitgedächtnis gespeicherte Wissen über die Syntax und Semantik der Ausgangssprache stützt.

3.1.3 Segmentierung

Segmentierung (chunking) bzw. segmentieren kommt aus dem Lateinischen und bedeutet laut Duden „Das Fremdwörterbuch" „[in Segmente] zerlegen" und „gliedern", wobei ein Segment als „Abschnitt" und „Teilstück (in Bezug auf ein Ganzes)" definiert wird.
Segmentierung ist eine weitere sowohl in der monolingualen Kommunikation des täglichen Lebens als auch beim Simultandolmetschen angewandte Strategie, die bei letzterem einerseits als verstehensstützende, andererseits aber auch als Strategie zur Zieltextproduktion dient.
Daniel Gile fasst die Situationen, in denen der Dolmetscher auf die Segmentierung zurückgreift, wie folgt zusammen:

"When faced with potential overload of memory, as with a source language and a target language that are syntactically very different, with embedded structures in the source language, or with unclear sentence structures, interpreters may choose to reformulate speech segments earlier than they would normally do, sometimes before they have a full picture of what the speaker wants to say. In such cases, they may resort to neutral sentence beginnings or segments in the target language that do not commit them one way or another." (Gile 1995:195/196).

Die Segmentierung kommt vor allem dann zum Einsatz, wenn aufgrund der gleichzeitig ablaufenden Aktivitäten des Hörens, Verarbeitens und Analysierens, Speicherns der Informationen im Kurzzeitgedächtnis, Produzierens der Verdolmetschung und Kontrollierens keine Kapazität mehr zur Verfügung steht und vor allem die Kapazität des Kurzzeitgedächtnisses, das maximal 7±2 Einheiten verschiedener Größen speichern kann, ausgeschöpft ist. Spätestens dann muss der Dolmetscher sein Kurzzeitgedächtnis entlasten, indem er bereits gehörte Textsegmente verarbeitet und dolmetscht, so dass diese aus seinem Gedächtnis gelöscht und wieder neue Informationen aufgenommen werden können. Dabei kann der Dolmetscher nicht immer warten, bis ihm eine vollständige Sinneinheit bzw. sinnvolle Satzeinheit (*meaningful phrase unit*) vorliegt, sondern muss sich oftmals schon mit kleineren Segmenten, beispielsweise einer Sequenz einzelner erkannter Wörter (*strings of processed words*), begnügen.
Von dieser Strategie wird vor allem bei den Sprachenpaarkombinationen und Dolmetschrichtungen häufig Gebrauch gemacht, bei denen die Syntax der Ausgangssprache sehr komplex ist oder die syntaktischen Strukturen der Ausgangs- und Zielsprache große Unterschiede aufweisen. Bei der bereits angesprochenen Schwierigkeit, die beim Simultandolmetschen aus dem Deutschen ins Französische auftritt, wenn das Verb im deutschen Satz

erst am Ende genannt, im französischen Satz jedoch viel früher benötigt wird, stellt die Segmentierung eine Alternative zur Antizipation dar. Dabei segmentiert bzw. unterteilt der Dolmetscher den längeren deutschen Satz und bildet mit den bereits gehörten Sequenzen einzelner erkannter Wörter (*strings of processed words*) einzelne Teilaussagen und kürzere französische Sätze. Die Satzaufspaltung im Zieltext wird dabei von bestimmten Segmentierungsindikatoren ergänzt, zu welchen beispielsweise die Sprechpausensetzung und Mittel der Stimmführung, wie die Betonung etc., gehören. Segmentieren kann auch dann erforderlich werden, wenn die Vortragsweise eines Redners von langen Sätzen und Schachtelsätzen oder auch, insbesondere im Falle von Nicht-Muttersprachlern, von einer unklaren Satzstruktur geprägt ist. Segmentierung ist somit einerseits eine verstehensstützende Strategie, da sie dazu beiträgt, lange und komplexe Sätze des Inputs schrittweise zu speichern und zu verarbeiten. Andererseits ist sie aber auch eine Strategie zur Zieltextproduktion, da sie beim Output unter Berücksichtigung der Syntax der Zielsprache eine klare Struktur gewährleistet. Die Bedeutung dieses letzten Aspekts wird von Marianne Lederer hervorgehoben:

„C'est au niveau syntaxique, au niveau élémentaire de la *Entschachtelung* de la phrase allemande, que l'on voit se manifester la nécessité d'une restructuration pour que la phrase française trouve une allure naturelle." (Lederer 1981:280).

„Les dangers qui guettent l'énonciation simultanée ne sont pas seulement le faux sens ou le contresens mais un psittacisme généralisé dont l'aboutissement est une suite de phrases où tout est brouillé comme si la mise au point n'était pas faite et où l'auditeur ne doit qu'à sa connaissance du sujet et à un gros effort de rétablissement de trouver de temps en temps des points de repère. Il n'y a interprétation que si celui qui écoute peut en saisir le sens. La clarté de la transmission est la condition *sine qua non* de la réception d'un message. À la précision de sa compréhension de l'idée, il faut donc que l'interprète ajoute le rejet des structures de la langue étrangère. (Lederer 1981:330).

In diesem Zusammenhang wird auch deutlich, dass es keine konstanten „Übersetzungs-" bzw. „Dolmetscheinheiten" geben kann, sondern der Dolmetscher je nach Sprache, Situation, Décalage, d.h. Abstand zum Redner, Verfassung und Persönlichkeit unterschiedlich verfährt und versucht, mit den jeweils geeigneten funktionalen Dolmetscheinheiten zu arbeiten. Diese ergeben sich jeweils ad hoc aus der Analyse der Rede und können, wie beispielsweise Daniel Gile beschreibt, Sequenzen einzelner Wörter, Satzteile, einen Satz, aber auch noch größere Abschnitte einer Rede oder lediglich ein einzelnes Wort umfassen:

„The Translation Unit can vary in length from a single word to a whole sentence or more than one sentence, depending on the source-language text and on the translator. (...) In this case, I consider Translation Units to be *processing units* (...)." (Gile 1995:101/102).

Optimal ist im Allgemeinen die Weiterverarbeitung von Sinneinheiten gemäß dem von Danica Seleskovitch geprägten Dolmetschprinzip, welches besagt, dass Dolmetschen nicht im Transkodieren[5] von Wörtern, sondern im Verstehen und Ausdrücken des Sinns besteht. Wird eine solche Sinneinheit des Ausgangstextes verstanden, wird das semantische Wissen sprachenunabhängig im Kurzzeitgedächtnis gespeichert und schließlich unter Berücksichtigung der Syntax der Zielsprache und des Wissens der Rezipienten wiedergegeben. Dabei geht der Dolmetscher nicht unbedingt chronologisch vor, sondern speichert gewisse Sinneinheiten des Ausgangstextes länger im Kurzzeitgedächtnis als andere und formuliert sie bei der Zielsprachenproduktion erst zu einem späteren Zeitpunkt. Dies ist entweder der Fall, wenn der gewählte Zeitpunkt in der Struktur der Zielsprache passender ist oder wenn dem Dolmetscher zuvor keine geeignete Verdolmetschung für die betreffende Sinneinheit eingefallen ist. Aufgrund seiner Erfahrung und spontaner Assoziationskompetenz fallen dem Dolmetscher für gewisse Einheiten des Ausgangstextes intuitiv Verdolmetschungen ein, die er daraufhin noch einer methodischen Kontrolle unterziehen muss. Für andere Einheiten des Ausgangstextes wiederum fallen ihm intuitiv keine oder keine zufrieden stellenden zielsprachlichen Formulierungen ein, so dass er durch Nachdenken und gezieltes strategisches Vorgehen eine Lösung finden muss. Dabei kann der erfahrene Dolmetscher sich besser auf seine spontane Assoziationskompetenz verlassen als der Anfänger, da sie bei ihm stärker ausgeprägt ist.

Laut Frieda Goldman-Eisler (1972) hat der Dolmetscher drei Möglichkeiten, die Einheiten des Inputs je nach persönlicher Disposition und Präferenz weiterzuverarbeiten und zu dolmetschen:

(1) „identity", d.h. der Dolmetscher verarbeitet die jeweilige Einheit mit der gleichen Segmentierung wie im Ausgangstext weiter;

(2) „fission", d.h. der Dolmetscher beginnt mit der Weiterverarbeitung der jeweiligen Einheit bereits dann, wenn sie noch nicht vollständig gehört wurde, was voraussetzt, dass er sie weiter segmentiert;

(3) „fusion", d.h. der Dolmetscher speichert zwei oder mehrere Einheiten und verarbeitet diese daraufhin zusammen weiter.

---

[5] lineares und wörtliches Übertragen

Im Rahmen ihrer empirischen Untersuchung ließ sie sechs erfahrene Dolmetscher, von welchen drei die Sprachenpaarkombination Englisch ↔ Französisch, einer Englisch ↔ Französisch sowie Englisch ↔ Deutsch und zwei Englisch ↔ Deutsch hatten, sowohl freie Reden als auch ausformulierte Vorträge in den jeweiligen Verarbeitungsrichtungen dolmetschen. Diese waren zwischen drei und sechs Minuten lang und wurden zum Teil mit verschiedener Vortragsgeschwindigkeit gehalten.

Bei der Auswertung ihrer empirischen Untersuchung zählte Goldman-Eisler insgesamt 208 „identities", 1149 „fissions" und 1345 „fusions" sowie durchschnittlich 11% „identities", 41% „fissions" und 48% „fusions" pro Rede. Die Häufigkeit variierte je nach Art der Rede, Sprachenkombination und Verarbeitungsrichtung, Vortragsgeschwindigkeit sowie bevorzugter Technik des Dolmetschers.

In einer ersten Analyse konzentrierte sie sich auf die Ergebnisse der Möglichkeit „identity". In diesem Zusammenhang unterteilte sie die der empirischen Untersuchung zugrunde liegenden Reden und Vorträge zuerst in schnell (die Pausen beliefen sich auf weniger als 35% der Redezeit) und langsam (die Pausen beliefen sich auf mehr als 35% der Redezeit). Dabei fand sie heraus, dass bei überdurchschnittlich langsamen Reden in 13.8% der Fälle, bei überdurchschnittlich schnellen Reden jedoch nur in 7.7% der Fälle die jeweilige Einheit mit der gleichen Segmentierung wie im Ausgangstext weiterverarbeitet wurde. Dieses Resultat ist ein Hinweis darauf, dass diese erste Möglichkeit und generell die Strategie der Segmentierung von der Vortragsgeschwindigkeit beeinflusst wird. Je langsamer diese ist, umso mehr neigt der Dolmetscher dazu, die Segmentierung des Inputs beizubehalten, da nicht schnell genug neue Informationen geliefert werden. Generell macht dieses Vorgehen jedoch einen immer noch geringen Prozentsatz aus.

In ihrer weiteren Betrachtung, in der Goldman-Eisler die Reden und Vorträge nach Sprachen unterteilte, wird deutlich, dass dieses Vorgehen vielmehr durch die Sprachenpaarkombination und Ausgangssprache beeinflusst wird. So wurden bei Englisch als Ausgangssprache die jeweiligen Einheiten nur in 6.6% der Fälle mit der gleichen Segmentierung wie im Ausgangstext weiterverarbeitet, bei Französisch in 10.0% der Fälle und bei Deutsch sogar in 17.1% der Fälle. Während auch bei der Möglichkeit „fission" mit 47.3% bei Englisch, 49.0% bei Französisch und 33.0% bei Deutsch als Ausgangssprache große Unterschiede festgestellt wurden, waren bei der Möglichkeit „fusion" mit 49.3% bei Englisch, 40.9% bei Französisch und 49.8% bei Deutsch als Ausgangssprache keine bedeutenden Unterschiede zu erkennen.

In einer zweiten Analyse konzentrierte sie sich auf die Ergebnisse dieser beiden weiteren Möglichkeiten. Wie weiter oben bereits angedeutet, entschieden sich die Dolmetscher in fast 90% der Fälle dafür, mit der Weiterverarbeitung der jeweiligen Einheit bereits dann zu beginnen, wenn sie noch nicht vollständig gehört wurde und sie somit weiter zu segmentieren, oder zwei oder mehrere Einheiten zu speichern und diese daraufhin zusammen weiterzuverarbeiten. Dieses Resultat ist ein Beweis dafür, dass der Dolmetscher sich wenn möglich von der Segmentierung des Ausgangstextes lossagt und die syntaktische Struktur der Zielsprache berücksichtigt.

3.1.4 Wissensaktivierung

Das Wissen des Dolmetschers kann in sprachliches und kulturelles Wissen, Allgemein- und Fachwissen sowie Theorie- und Methodenwissen unterteilt werden.
Das sprachliche Wissen, das eine Voraussetzung für das Dolmetschen darstellt, setzt sich wiederum aus der muttersprachlichen und der fremdsprachlichen Kompetenz sowie dem allgemeinsprachlichen und dem fachsprachlichen Wissen zusammen. Dabei muss der Dolmetscher „in jeder der Sprachen, mit denen er arbeitet, passiv oder aktiv einen Grundwortschatz zur Verfügung haben, der mindestens dem eines gebildeten Muttersprachlers gleichkommt" (Seleskovitch 1988:80). Der passive Wortschatz bezieht sich laut Duden „Das Fremdwörterbuch" auf die „Gesamtheit aller Wörter, die ein Sprecher in seiner Muttersprache kennt, ohne sie jedoch in einer konkreten Sprechsituation zu gebrauchen" und der aktive Wortschatz auf die „Gesamtheit aller Wörter, die ein Sprecher in seiner Muttersprache beherrscht u. beim Sprechen verwendet", wobei dies beim Dolmetscher nicht nur auf seine Muttersprache, sondern auch auf seine anderen Arbeitssprachen zutrifft. Je häufiger der Dolmetscher ein Wort passiv hört oder liest und vor allem mündlich oder schriftlich aktiv verwendet, desto schneller ist ihm dieses für den passiven und/oder aktiven Gebrauch zugänglich. Ist letzteres der Fall, werden auch die mit diesem Wort morphologisch verbundenen Wörter schneller für den passiven Gebrauch zugänglich und können schneller für den aktiven Gebrauch erlernt werden. Gerade beim Simultandolmetschen, bei dem der Dolmetscher ständig unter Zeitdruck handelt, ist diese schnelle Verfügbarkeit der Wörter, durch die Verarbeitungskapazität und Zeit eingespart wird, von großer Bedeutung. Das gilt sowohl für allgemeinsprachliches als auch für fachsprachliches Vokabular, das der Dolmetscher sich parallel zum Fachwissen aneignen muss. Dieses terminologi-

sche Wissen ist einerseits notwendig, um einen Fachvortrag verstehen zu können und andererseits, um diesen mit der angemessenen Terminologie dolmetschen zu können. Gelingt dem Dolmetscher dies nicht, werden seine Kompetenz und Glaubwürdigkeit oftmals schon nach kurzer Zeit in Frage gestellt. Gleiches gilt für die Wahl des sprachlichen Registers. Insbesondere bei rhetorischen Reden, wie beispielsweise bei Eröffnungs-, Tisch- oder Grabreden, muss der Dolmetscher sein Hauptaugenmerk auf den Ausdruck richten und versuchen, die stilistischen Nuancen möglichst getreu wiederzugeben. Da diese Reden oftmals ähnlich strukturiert sind und ähnliche Ausdrücke und Wendungen enthalten, lernt der Dolmetscher im Voraus eine Reihe feststehender Formulierungen, um den richtig Stil anzuwenden und gleichzeitig Verarbeitungs- und Aufmerksamkeitskapazitäten einzusparen.

Dem sprachlichen Wissen entsprechend setzt sich das kulturelle Wissen aus den Kenntnissen über die Kultur der eigenen Kulturgemeinschaft und den Kenntnissen über die Kultur der anderen Kulturgemeinschaft(en) zusammen. Laut Duden „Das Fremdwörterbuch" steht Kultur für die „Gesamtheit der geistigen u. künstlerischen Lebensäußerungen einer Gemeinschaft, eines Volkes". In diesem Zusammenhang ist für den Dolmetscher neben der Kenntnis der Geschichte und Institutionen der jeweiligen Länder, insbesondere die Kenntnis der Sitten und Gebräuche, Vorstellungen und Erwartungen, Höflichkeitsformen sowie Konventionen, Normen und Wertemaßstäbe, die ihre Einwohner prägen, von Bedeutung. Bei Kommunikationspartnern aus verschiedenen Kulturen mangelt es oftmals an diesem Wissen über die Kultur des anderen, das jedoch eine Voraussetzung für das Gelingen verbaler Kommunikation darstellt. Dadurch können Kommunikationsprobleme wie Verstehensdefizite auftreten oder gar Kommunikationshindernisse wie Missverständnisse entstehen. Es ist somit auch Teil der Kulturkompetenz des Dolmetschers, die Unterschiede und Gemeinsamkeiten der verschiedenen Kulturgemeinschaften zu erkennen und dieses Wissen beim Dolmetschen zu berücksichtigen, so dass derartige Situationen nicht eintreten.

„Genau darin besteht indessen die Aufgabe des Dolmetschers: ein gegenseitiges Verstehen zwischen Menschen zu erzielen, denen die Sprache und damit zwangsläufig auch mehr oder weniger die Kultur ihres jeweiligen Gegenübers unbekannt ist." (Seleskovitch 1988:100).

Unter Berücksichtigung des kulturspezifischen Wissens der Kommunikationspartner kann der Dolmetscher hierzu zum einen als Erklärung zusätzliche Informationen einfügen oder etwas in der Rede implizit enthaltenes explizit äußern, wenn ihm dafür noch genügend Zeit und Verarbeitungskapazität zur Verfügung stehen. Zum anderen kann er vom Redner explizit Geäußertes, für die Rezipienten jedoch Selbstverständliches, bei der Verdolmetschung unerwähnt lassen. Beim Versuch, zwischen verschiedenen Kulturgemeinschaften zu vermitteln, muss der Dolmetscher aber auch darauf achten, dass er den Kommunikationspartnern fremdkulturelles Wissen nicht vorenthält und die zwischen den verschiedenen Kulturgemeinschaften bestehenden Unterschiede nicht kaschiert. Außerdem kommt oftmals erschwerend hinzu, dass die Rezipienten aus einer Vielzahl verschiedener Kulturgemeinschaften stammen (mit denen der Dolmetscher selbst teilweise nicht besonders vertraut ist) und sie folglich auch über unterschiedliches kulturelles Wissen verfügen. Dies ist insbesondere bei internationalen Fachkongressen der Fall, bei welchen der kulturelle Transfer und die nationale und kulturelle Herkunft der Teilnehmer generell in den Hintergrund treten. Hier steht das gemeinsame Fachwissen im Mittelpunkt, weshalb Franz Pöchhacker sich dafür ausspricht, in diesem Fall

„ (...) als Adressaten der Dolmetschung eine (inter)nationale Mischkultur zu akzeptieren, die zugleich und vielleicht vorrangig eine relativ homogene (Experten-)Kultur darstellt und auch weitgehend in Verbindung mit einer englischen Sprachkultur gesehen werden muß." (Franz Pöchhacker 1994:215).

Da Sprachen ständig weiterentwickelt und Kulturen bereichert werden, muss der Dolmetscher seine sprachliche und kulturelle Kompetenz, vor allem durch regelmäßige Lektüre von Zeitungen sowie Aufenthalte in den betreffenden Ländern, pflegen. In gleicher Weise muss er sein Allgemein- und Fachwissen permanent erweitern und immer über aktuelle nationale und internationale Gegebenheiten, Ereignisse sowie Entwicklungen informiert sein. Der Dolmetscher muss generell über ein überdurchschnittlich großes Allgemeinwissen (auch Welt- oder enzyklopädisches Wissen genannt) verfügen, da die Anlässe, bei denen gedolmetscht wird, sowie die dabei angesprochenen Themen sehr vielfältig sind. Zusätzlich muss er sich in einigen Themenbereichen Fachwissen aneignen, um auch bei Fachkongressen das Gesagte analysieren und verstehen zu können. Eine solche Spezialisierung bedeutet nicht, dass er in diesen Bereichen selbst zum Experten wird, sondern dass er sein Wissen systematischer ausbaut und weiter vertieft als bei anderen Themen. Die Unterschiede sowie Gemeinsamkeiten der Dolmetscher und der Experten anderer Fachgebiete in Bezug auf ihr Wissen beschreibt Danica Seleskovitch wie folgt:

„Wer eine Aussage verstehen will, muss das intellektuelle Vorgehen dessen, der diese Aussage formuliert, verstehen, muss also ebenso grosse geistige Fähigkeiten und einen ebenso streng geschulten Geist besitzen wie dieser. Generalisten und Spezialisten stehen sich daher zwar nicht im Hinblick auf ihr Wissen, aber doch in intellektueller Hinsicht sehr nahe, wobei Wissen und Intellekt ebensowenig miteinander zu verwechseln sind wie das Wissen des Generalisten mit dem des Spezialisten.
Es ist undenkbar, etwas zu verstehen, über das man keinerlei Wissen besitzt. Wie wir gesehen haben bedeutet Verstehen ja das Verknüpfen der erhaltenen Informationselemente mit bereits vorhandenen Kenntnissen oder Erfahrungen; fehlen derartige Vorkenntnisse, so ist es auch bei noch so intelligenter Vorgehensweise unmöglich, die notwendige gedankliche Verbindung herzustellen. Um das Gesagte analysieren und verstehen zu können, muss der Dolmetscher daher seine Kenntnisse im behandelten Bereich auf ein Niveau bringen, das zwar nicht dem des Spezialisten entspricht, aber doch weit über der sogenannten Allgemeinbildung liegt." (Seleskovitch 1988:63/64).

Die Aneignung dieses Allgemein- und Fachwissens setzt Flexibilität und ein breit gefächertes Interesse des Dolmetschers an einer Vielzahl von Themen sowie der ihn umgebenden Welt voraus.
In der kognitiven Psychologie wird außerdem zwischen deklarativem und prozeduralem Wissen unterschieden. Das deklarative oder Faktenwissen, als das Wissen über Gegebenheiten, Ereignisse und Entwicklungen in der Welt, beschreibt Kurt Kohn (1990a:78) auch als „knowing what" und Ingrid Kurz (1996:73) als das „Wissen, was etwas ist". Das prozedurale oder Verarbeitungswissen hingegen, als das Wissen über die Ausführung einer bestimmten Tätigkeit, das auch die Prozesse und Strategien hierfür mit einschließt, beschreibt Kurt Kohn auch als „knowing how" und Ingrid Kurz als das „Wissen, wie etwas gemacht wird". In diesem Sinne steht das deklarative Wissen, d.h. das Allgemein- und Fachwissen des Dolmetschers, in Verbindung zu seinem prozeduralen Wissen, d.h. dem Methodenwissen. Letzteres beinhaltet insbesondere die Kenntnis verschiedener Dolmetschstrategien und die Analysekompetenz des Dolmetschers.
Auf Basis dieses im Langzeitgedächtnis gespeicherten Wissens versteht der Dolmetscher eine Rede in einem zum Teil unbewussten, spontanen und zum Teil bewussten, überlegten Prozess. Dabei ist der unbewusste, spontane Verstehensakt meist unzureichend, weil der Dolmetscher den Sinn aller Textsegmente erfassen muss und nicht, wie die Rezipienten, filtern und beispielsweise inhaltlich und/oder sprachlich schwer verständliche Teile ausblenden kann. Bei diesen führt der Dolmetscher eine bewusste, überlegte Analyse durch, wobei er das Vernommene mit im Langzeitgedächtnis gespeicherten Informationen in Verbindung bringt, die teilweise auch aus anderen Themenbereichen stammen. Dieses Vorgehen ermöglicht ihm ein tieferes Verstehen und erleichtert ihm das Erfassen des Sinns.

Im Verstehensprozess baut der Dolmetscher eine Textwelt (*mental model*) der zu dolmetschenden Rede auf. Dieser Vorgang kann mit der auf Fillmore zurückgehenden *Scenes-and-frames*-Theorie veranschaulicht werden. Letztere besagt, dass sich eine Rede aus mehreren *frames* zusammensetzt, die jeweils für eine sprachliche Einheit (ein Phonem, ein Wort, ein Satz, ein Abschnitt etc.) oder sonstige informative (gestische, mimische, eidetische, akustische, olfaktorische etc.) Segmente stehen. Hört der Dolmetscher *frames* des Ausgangstextes, assoziiert er diese unter Einsatz seines im Langzeitgedächtnis gespeicherten Wissens und seiner Erfahrung mit *scenes*, die jeweils einem „Bild im Kopf" entsprechen. Diese umfassen laut Fillmore nicht nur

„ (…) visual scenes but familiar kinds of interpersonal transactions, standard scenarios, familiar layouts, institutional structures, enactive experiences, body image; and, in general, any kind of coherent segment, large or small, of human beliefs, actions, experiences, or imaginings." (Fillmore 1977:63, zitiert nach Vermeer/Witte 1990:50).

Dabei kann jede *scene* auch nach der *frame*-Rezeption durch neue Wahrnehmungen noch modifiziert und korrigiert werden. Außerdem können bei einem Rezipienten mehrere *frames* dieselbe *scene* hervorrufen sowie mehrere *scenes* mit einem *frame* assoziiert werden. Dementsprechend assoziieren verschiedene Rezipienten, je nach Wissen, Erfahrung und Wahrnehmung, verschiedene *scenes* mit ein und demselben *frame*. Die Aufgabe des Dolmetschers besteht nun darin, eine *scene* aufzubauen, die möglichst genau der des Redners entspricht. Diese versucht er unter Berücksichtigung des Wissens und der Kultur der Rezipienten wiederum in einen *frame* zu fassen, der bei den Rezipienten *scenes* hervorruft, die der des Redners möglichst nahe kommen. Bei Vermeer/Witte heißt es, „[ein] frame kann eine gegebene scene enkodieren; aus einem gegebenen frame kann eine scene dekodiert werden" (Vermeer/Witte 1990:64). Des Weiteren bestehen *frames* sowie *scenes* jeweils aus „frames- und scenes-Stücken" und bilden bei einer kohärenten Textproduktion einen „Super-frame" bzw. bei einer kohärenten Textrezeption eine „Super-scene". Es kommt jedoch auch vor, dass ein *frame* in der Ausgangssprache beim Dolmetscher direkt einen *frame* in der Zielsprache aufruft, so dass er bei der Rezeption einer Rede nicht immer vollständige und teilweise auch gar keine *scenes* aufbaut. In diesem Fall ist der Dolmetscher dazu angehalten zu prüfen, ob diese direkte Assoziation nicht falsch, beispielsweise durch eine ähnliche äußere Form, ausgelöst wurde und ob der in der Zielsprache aufgerufene *frame* wirklich die bestmögliche Formulierung für den *frame* der Ausgangssprache ist. (vgl. Vermeer/Witte 1990)

Zu Beginn einer Rede, wenn der Dolmetscher deren Makrostruktur und Inhalt noch nicht kennt, muss er im Verstehensprozess vor allem im einlaufenden Text nach Anhaltspunkten suchen. Deshalb bleibt er meist auch zu Beginn näher am Wortlaut der Originalrede als im weiteren Verlauf der Verdolmetschung. Diese Art der Informationsverarbeitung, bei der der Dolmetscher sich insbesondere auf die ausgangssprachlichen Informationen stützt, wird als *bottom-up, data-driven* bzw. datengeleitete Verarbeitung bezeichnet. Da der Simultandolmetscher jedoch bereits mit der Zieltextproduktion eines Abschnittes beginnen muss, bevor er diesen in seiner Gesamtheit gehört hat, muss er sich auch auf sein Allgemein- und Kontextwissen stützen, welches den Verstehensprozess beschleunigt. Dies fällt ihm im Laufe der Rede leichter, sobald er mit deren Struktur und dem Stil des Redners besser vertraut ist. Deshalb gelingt es ihm meist auch, sich im Verlauf der Rede besser vom Wortlaut der Originalrede zu lösen und freier zu formulieren. Die Aktivierung dieses Wissens ermöglicht ihm außerdem, die kommunikativen Absichten des Redners zu erkennen, Kohärenz herzustellen sowie Wahrnehmungslücken zu schließen und beispielsweise fehlende Phoneme oder Wörter zu ergänzen (*phonemic restoration* bzw. *clozing*). Diese Art der Informationsverarbeitung wiederum, bei der der Dolmetscher sich insbesondere auf sein Allgemeinwissen, Kontextwissen, seine Erfahrung etc. stützt, wird als *top-down, expectation-* oder *hypothesis-driven* bzw. wissensgeleitete Verarbeitung bezeichnet. Im gesamten Dolmetschprozess interagieren *bottom-up-* und *top-down-*Prozesse, denn „[ein] Text ergibt nicht von selbst Sinn, sondern dieser entsteht durch die Interaktion von Textwissen mit dem gespeicherten Weltwissen" (Kurz 1996:61).
Eine wichtige Rolle spielt in diesem Zusammenhang das bereits mehrfach erwähnte Kontextwissen. Bei der Betrachtung des Kontextes sind laut Daniel Gile (1989) in einem ersten Schritt folgende Kategorien mehrsprachiger Tagungen zu unterscheiden: wissenschaftliche und technische Großveranstaltungen, Seminare, Arbeits- und Plenarsitzungen internationaler Organisationen, Verhandlungen, Ministertreffen, parlamentarische Debatten, Pressekonferenzen, Konferenzen mit eingeladenen Persönlichkeiten und Staatsbanketts. Die Kenntnis der dafür jeweils typischen Charakteristika ermöglicht dem Dolmetscher den Aufbau einer ersten groben Erwartungshaltung.

„Wenn [der Simultandolmetscher] sich im klaren ist, dass es bestimmte, mehr oder weniger typische Merkmale (Charakteristika) von Konferenzen, also Aufträgen/Einsätzen gibt, und wenn [der Simultandolmetscher] diese ihrem Wesen nach kennt und erfassen kann, so liegen bereits nähere Informationen über den Handlungsrahmen vor, innerhalb dessen [der Simultandolmetscher] zu agieren hat." (Pöchhacker 1994:58).

Bei der jeweiligen Veranstaltung ist der Dolmetscher stets in eine bestimmte Situation eingebunden, die laut Franz Pöchhacker (1994) sowohl aus dem Ort und Zeit umfassenden „objektiven Interaktionsraum" als auch aus der „subjektiven Situationsauffassung" jedes Einzelnen besteht. Letztere umfasst neben der Einschätzung des „Interaktionsmittels" (der Rede) und des „Interaktionsverlaufs" insbesondere die Einschätzung der „Interaktionspartner" (des Redners und der Rezipienten). Dazu stellt Pöchhacker (1994) ein von Namy (1978) entworfenes Fragegerüst vor, das auf den AT-P (Ausgangstext-Produzenten), den AT-R (Ausgangstext-Rezipienten) sowie den ZT-R (Zieltext-Rezipienten) angewandt werden kann.

„- Wer ist XX-X?
- In welcher personen-, organisations- oder situationsbezogenen Rolle tritt XX-X auf?
- Was weiß & kann XX-X -- allgemein als Mitglied einer Soziokultur?
-- speziell als Fachmann?
-- individuell als Persönlichkeit?
-- kontextuell in der Konferenz?
- Wie schätzt XX-X die „Situation" (= Interaktionspartner, Interaktionsmittel, Interaktionsverlauf) ein?
- Welche Zielsetzung verfolgt XX-X in der kommunikativen Interaktion?"
(Pöchhacker 1994, 80).

Die Beantwortung dieser Fragen im Vorfeld sowie im Laufe der Veranstaltung erleichtert dem Dolmetscher, die Absicht eines Redners zu erkennen sowie seine Rede zu analysieren und zu verstehen. Die meisten Anhaltspunkte im Verstehensprozess enthält bestenfalls schließlich die Rede selbst durch ihre Struktur, Logik, Kohärenz und Redundanz, syntaktische und semantische Zwänge, die Intonation und Betonung des Redners sowie dessen Anwendung nonverbaler Mittel wie Mimik und Gestik.

„*Gesten* können das Verständnis des Ausgangstextes für den Kommunikationspartner und den Dolmetscher erleichtern, indem sie etwas Gesagtes (z.B. Aussagen zur Größe, Form, Bewegung oder Lage eines Objekts) *illustrieren*. Neben dieser Art verständnissichernder Redundanz haben Gesten oft aber auch eine komplementäre Funktion: Sie *ergänzen* eine Aussage, z.B. wenn ein Sprecher sagt, *„Der Knackpunkt liegt doch eben hier!"* und dabei auf ein bestimmtes Element in einem im Gespräch bereits diskutierten Flussdiagramm zeigt. Und schließlich *ersetzen* Gesten oft auch eine verbale Aussage – man denke an Achselzucken, Kopfschütteln, Winken, Nicken, Klopfen oder Naserümpfen.
Bei der Interpretation solcher Gesten ist für den Dolmetscher Vorsicht geboten, denn sie sind nicht in jedem Fall universell einheitlich kodiert!" (Kautz 2000:336).

Das Wissen, das wie bereits betont eine elementare Voraussetzung eines erfolgreichen Dolmetschprozesses ist, muss der Dolmetscher sich durch sorgfältige Vorbereitung aneignen. Der Wissenserwerb für eine Konferenz erfolgt dabei in drei Phasen, wovon die erste und Hauptphase die systematische Vorbereitung vor der Konferenz ist. In diesem Zusammenhang bittet der Dolmetscher den Auftraggeber, ihm die Konferenzunterlagen und weiteres Vorbereitungsmaterial in seinen Arbeitssprachen zur Verfügung zu stellen. Dazu gehören nicht nur das Programm der Veranstaltung, detaillierte Informationen über das Thema und das den Teilnehmern zugesandte Material, sondern auch die Teilnehmerliste. Diese kann Aufschluss über die Nationalität, die Funktion, den fachlichen und kulturellen Hintergrund sowie die zu erwartenden Sprachkenntnisse der Teilnehmer geben. Gleichzeitig dient sie auch als Grundlage für Recherchen über die eventuell bei früheren Anlässen deutlich gewordenen Ansichten, Intentionen und/oder Erwartungen der Teilnehmer. Dabei stützt sich der Dolmetscher im besten Fall auf ihm bereitgestellte Unterlagen früherer Veranstaltungen, insbesondere auf Reden der entsprechenden Teilnehmer zum gleichen Thema. Unterlagen vorangegangener Veranstaltungen zum gleichen Thema, wie Redebeiträge, Protokolle, Presseberichte und Hintergrundmaterial in allen Arbeitssprachen des Dolmetschers, dienen dabei vor allem als Grundlage zur Einarbeitung in das Thema der Konferenz sowie dem Erwerb von Fachwissen und der Erarbeitung von Fachvokabular. Im Optimalfall stehen auch bereits Redemanuskripte für die aktuelle Konferenz zur Verfügung, mit welchen der Dolmetscher sich konkret auf den jeweiligen Beitrag vorbereiten kann. Zusätzlich und besonders dann, wenn er unzulängliches oder kein Vorbereitungsmaterial erhalten hat, recherchiert der Dolmetscher in Enzyklopädien, Fachzeitschriften, Datenbanken, Fachwörterbüchern sowie im Internet. Dabei versucht er zuerst, sich durch die Lektüre einschlägiger Literatur in seinen Arbeitssprachen das erforderliche Fachwissen anzueignen. Stößt er in einer Sprache auf einen ihm unbekannten Begriff, informiert er sich zuerst über dessen Bedeutung, bevor er nach dem Äquivalent in der anderen Sprache sucht. An dieser Stelle beginnt die terminologische Arbeit der Vorbereitung, im Rahmen derer der Dolmetscher Glossare erstellt. In diesem Zusammenhang wird deutlich, dass die Recherchierkompetenz sowie die Fähigkeit, sich innerhalb kurzer Zeit effektiv in neue Themenbereiche einzuarbeiten, Teil der Kompetenz des Dolmetschers sind. Wie bereits erwähnt, kann jedoch nicht erwartet werden, dass er den Wissensstand der Konferenzteilnehmer erreicht, die oftmals Experten in ihren Fachgebieten sind, ein Hochschulstudium in den jeweiligen Bereichen absolviert haben und sich schon lange intensiv mit den jeweiligen Themen auseinanderset-

zen. Für den Dolmetscher geht es vielmehr darum, sich innerhalb kurzer Zeit durch gezielte Recherche effektiv in einem bestimmten Fachgebiet für einen bestimmten Auftrag Grund- und teilweise auch Fachkenntnisse anzueignen. Diese müssen zwar präsent genug sein, um zum Dolmetschen herangezogen werden zu können, sind jedoch nicht für den aktiven Gebrauch bestimmt.
Zur Vorbereitungszeit äußert sich Danica Seleskovitch:

„Eine Quantifizierung der Vorbereitungszeit ist schwierig. Die Vorbereitung erfolgt ausserhalb der Sitzungsstunden, aber auch im Verlauf der Sitzungen. Annähernd kann man sagen, dass die Vorbereitungszeit ebenso lang ist wie die eigentliche Redezeit, also 2-3 Stunden je Arbeitstag.
Rechnet man die mit dem Simultandolmetschen verbundenen Zeiten auf, so erhält man: 2-3 Stunden täglich produktive Arbeit, was der Verarbeitung von circa 20 000 Wörtern entspricht; zusätzlich 3-4 Stunden Zuhören – eine Arbeit, die allein schon mindestens so verantwortungsreich, anstrengend und ermüdend ist wie die der Teilnehmer einer Tagung; und schliesslich die Vorbereitungsarbeit, die pflichtbewusste Dolmetscher leisten, wenn sie am Abend oder an den Tagen vor einer Konferenz die jeweiligen Arbeitsunterlagen studieren." (Seleskovitch 1988:141).

Hierzu sei angemerkt, dass die Länge der Vorbereitungszeit immer auch davon abhängt, wie spezifisch das Thema einer Konferenz und wie versiert der Dolmetscher in diesem Bereich ist. Beschäftigt dieser sich zum ersten Mal intensiv mit einem bestimmten Themenbereich, ist die Vorbereitungszeit dementsprechend länger, als wenn er schon Erfahrung in diesem Bereich sammeln konnte.
Erleichtert wird die Vorbereitung auch durch die Teilnahme an einem Briefing, einem Informationsgespräch zwischen dem Veranstalter und den Organisatoren, Technikern, bestimmten Veranstaltungsteilnehmern oder auch Medienvertretern, das im Vorfeld bestimmter Konferenzen stattfindet. Briefings sind für den Dolmetscher jedoch nicht nur eine gute Möglichkeit, zusätzliche Informationen und insbesondere Informationen von Experten zu erhalten, sondern auch organisatorische Fragen zu klären, d.h. den Organisatoren beispielsweise deutlich zu machen, dass die Dolmetschkabinen so angebracht werden müssen, dass der Dolmetscher den Redner im Blickfeld hat.
Die zweite Phase des Wissenserwerbs bezieht sich auf die Zeit unmittelbar vor Beginn der Konferenz, da dem Dolmetscher oftmals erst Minuten bevor die Reden gedolmetscht werden müssen, die entsprechenden Redemanuskripte ausgehändigt werden. Dies kann darauf zurückzuführen sein, dass der Redner die Rede erst im letzten Moment aufgesetzt hat, dass er den Inhalt seiner Rede nicht früher preisgeben wollte oder, dass er es als unwich-

tig erachtet hat, dem Dolmetscher die Rede früher zukommen zu lassen. Zu der Tatsache, dass der Dolmetscher sich nun in kürzester Zeit mit diesen auseinandersetzen muss, kommt bei handschriftlichen Redemanuskripten oftmals noch erschwerend hinzu, dass sie schlecht zu entziffern sind. Beim Durchlesen der Manuskripte hebt der Dolmetscher dann die Stellen durch Unterstreichen und Umkringeln hervor, die besonders wichtig oder besonders problematisch sind. Außerdem markiert er bei Reden beispielsweise aus dem Deutschen ins Französische, aufgrund der bereits angesprochenen Schwierigkeit, das Verb am Ende des Satzes, so dass ihm dieses beim Dolmetschen direkt ins Auge sticht und er es somit antizipieren kann. Muss der Dolmetscher vor Beginn der Konferenz kaum noch oder keine Redemanuskripte mehr durchlesen, hat er in dieser Phase des Wissenserwerbs oftmals auch die Möglichkeit, wichtige, noch nicht beantwortete Fragen im Gespräch mit Kollegen oder Konferenzteilnehmern zu klären, worauf Daniel Gile unter anderem näher eingeht:

„It is a fact of life that conference documents are not always available, mostly for organizational reasons. People who hire interpreters are not always the ones who do the actual organizing on the participants' side, and they may not be in a position to collect the necessary data. As for speakers, they do not always have a paper ready in advance, and some are unwilling to disclose the content of their presentation before it is their turn to speak, let alone in written form. It follows that many documents are only available at the very last moment, on the premises. A significant amount of Knowledge Acquisition revolves around them, just before the beginning of the conference.
Another point is that unresolved issues can also be tackled minutes before the conference, with the help of conference participants. Some speakers come to the booth of their own accord to give a copy of their paper to interpreters and to solve potential problems. Others have to be asked for help specifically." (Gile 1995:147/148).

Die im Vorfeld der Konferenz erworbenen Kenntnisse werden schließlich in der dritten Phase des Wissenserwerbs, im Laufe der Konferenz, ergänzt und erweitert. Dabei stellen die erst während der Konferenz ausgehändigten Unterlagen sowie vor allem die Redebeiträge und Diskussionen eine Quelle neuer fachlicher und terminologischer Informationen dar. Diese kann der Dolmetscher durch Verknüpfung mit seinen bereits gespeicherten Kenntnissen in seinen Wissensbestand integrieren und somit im weiteren Verlauf der Verdolmetschung anwenden. Treten bei der Verdolmetschung generell terminologische Schwierigkeiten auf, kann der Dolmetscher sich bestenfalls auf die Unterstützung seines Kabinenpartners verlassen und nimmt seine im Rahmen der Vorbereitung angefertigten Glossare zu Hilfe. Auch bietet sich ihm in den Pausen der Konferenz die Möglichkeit, wichtige terminologische und fachliche Fragen im Gespräch mit Kollegen oder

Konferenzteilnehmern zu klären. Den Wissenserwerb im Laufe einer Konferenz beschreibt Daniel Gile schließlich wie folgt:

„Finally, much information is gained during the conference itself, partly through documents which are only handed out after it has started, partly through conversations with participants during breaks, and partly through the content of presentations and discussions, which provide more information than do documents. Even after the conference has started, new knowledge gained is useful, because it improves conditions for interpretation of the subsequent presentations. In particular, during the conference, information may be heard in languages for which there were no documents, thus providing solutions to terminological problems." (Gile 1995:148).

3.2 Strategien zur Zieltextproduktion

Strategien zur Zieltextproduktion können nach ausgangstextbestimmten und zieltextbestimmten Strategien kategorisiert werden. (vgl. Kalina 1998: 118-121)
Bei den ausgangstextbestimmten Strategien können wiederum syntaktische und semantische Strategien differenziert werden.
Erstere beziehen sich insbesondere auf syntaktische Transformationen in Bezug auf den Ausgangstext und dienen vor allem der Produktion eines den zielsprachlichen Normen entsprechenden Zieltextes sowie der Vermeidung von Ausgangstextgebundenheit und Interferenz. Dies setzt zwar einen relativ großen Abstand zum Redner voraus, hat jedoch den Vorteil, dass der Dolmetscher beispielsweise mehr idiomatische Wendungen einbringen kann, was wiederum der Qualität seiner Verdolmetschung zugute kommt. Transformationen tragen bei syntaktischer Komplexität des Ausgangstextes außerdem zu deren Abbau sowie zur Erstellung eines verständlichen Zieltextes bei. Des Weiteren können Schwierigkeiten bereitende Elemente des Ausgangstextes durch Umbauoperationen zurückgestellt und, sobald verstanden, an anderer Stelle eingefügt werden, um bei deren Verarbeitung Zeit zu gewinnen sowie bei der Zieltextproduktion übermäßig lange Pausen zu vermeiden. Diese Umstrukturierungen erfordern zwar zusätzliche Verarbeitungskapazität, dienen jedoch vor allem der Gedächtnisentlastung. Sie können mittels verschiedener anderer Strategien umgesetzt werden, wovon der Segmentierung und der Paraphrase mit dem Ziel der syntaktischen Simplifizierung der höchste Stellenwert zukommt.
Im Gegensatz zu den Transformationen steht die Strategie des Transkodierens, bei der auf den syntaktischen Umbau bewusst verzichtet und möglichst linear und wörtlich gedolmetscht wird. Auf diese Vorgehensweise

greift der Dolmetscher vor allem bei Eigennamen und Zahlen zurück. Außerdem dient sie bei Überlastung und an den Stellen als Notstrategie, an denen es ihm nicht gelingt, die Kluft zwischen dem Wissen des Redners und seinem Wissen zu schließen und den Sinn des Gesagten vollständig zu verstehen. Insbesondere zu Beginn einer Rede, wenn der Dolmetscher deren Makrostruktur und Inhalt noch nicht kennt, bleibt er näher am Wortlaut der Originalrede als im weiteren Verlauf der Verdolmetschung. Dabei wird er von der Wortwahl des Redners und der Struktur der Ausgangssprache beeinflusst, wodurch seine Verdolmetschung unnatürlicher sowie anfälliger für syntaktische, grammatikalische, Aussprachefehler und „falsche Freunde"[6] wird. Deshalb ist Transkodieren nur als Strategie anzusehen, sofern es bewusst als solche angewandt wird. Im Allgemeinen gilt, wie Katharina Reiß und Hans J. Vermeer deutlich machen:

„Beim Simultandolmetschen wird die Aufgabe um so besser gelöst, je weniger „wörtlich" man sich an den Ausgangstext zu klammern sucht, je mehr man also von der Transkodierung zu einer Information über Gesagtes kommt." (Reiß/Vermeer 1991:78).

Die am häufigsten angewandte semantische Strategie ist die Kompression, die sprachliche Verdichtung in Bezug auf den Ausgangstext, bei welcher der Dolmetscher Redundantes unerwähnt lässt und sich bewusst für die am wenigsten zeitaufwendigen Formulierungen entscheidet. Kompression ermöglicht dem Dolmetscher die Bewältigung übermäßiger Belastung und das Erreichen des Kommunikationsziels beim Auftreten von Problemen. Diese liegen vor allem in schriftlich ausformulierten Reden mit hoher Informationsdichte und komplexer Struktur, die in hohem Vortragstempo gehalten oder gar unkommunikativ verlesen werden, ohne dass dem Dolmetscher das Manuskript (rechtzeitig) zur Verfügung gestellt wurde. Im Extremfall kommt es in einer solchen Situation neben der sprachlichen auch zu einer inhaltlichen Kompression, einer Informationsverdichtung, bei welcher der Dolmetscher weniger relevante Informationen unerwähnt lassen muss. Jedoch gilt auch für die Kompression, dass sie nur als Strategie anzusehen ist, insofern sie bewusst als solche angewandt wird und nicht, wenn sie aufgrund mangelnden Wissens des Dolmetschers entsteht. Die Umsetzung der Kompression erfolgt wiederum mittels verschiedener anderer semantischer Strategien. Zu diesen gehören die bereits beschriebene Selektion von wichtigen Elementen des Ausgangstextes und deren Verarbei-

---

[6] Wörter, die in zwei oder mehreren Sprachen auf den ersten Blick ähnlich sind, jedoch nicht die gleiche Bedeutung, Konnotation oder Verwendung haben; auch „false friends" oder „faux amis" genannt.

tung im Zieltext sowie die Tilgung von weniger wichtigen Elementen und Redundanzen des Ausgangstextes.
Weitere semantische Notstrategien resultieren aus Verstehens- und Wissensdefiziten sowie Kontrollprozessen. Neben der Generalisierung, d.h. der Verarbeitung bestimmter Elemente auf einer höheren bzw. allgemeineren Ebene, zählen hierzu die Relativierung, Attenuierung, Neutralisierung sowie Substitution.
Zu den zieltextbestimmten Strategien gehört die der Produktion vorausgehende Entscheidung über den Einsatzpunkt und das Décalage. Letzteres ist von der individuellen Arbeitsweise abhängig und somit von Dolmetscher zu Dolmetscher verschieden. Es variiert außerdem beim einzelnen Dolmetscher, je nach Sprachenpaar und Verarbeitungsrichtung, Wissen über das Thema, Grad der Ermüdung, Komplexität des Vortrags und situativen Faktoren. Eine zeitliche Spanne für das Décalage nennt Franz Pöchhacker in einer kurzen Zusammenfassung der bisherigen Forschung in diesem Bereich:

„Der Grad der Gleichzeitigkeit von Original und Dolmetschung bzw. deren zeitliche Verschiebung (*time lag*) ist nur mithilfe von Verfahren zur parallelen Tonaufzeichnung einer Untersuchung zugänglich. So gelangten Oléron & Nanpon (1965) in ihrer schon „klassisch" zu nennenden Studie zu dem Ergebnis, daß der Wert für die zeitliche Verschiebung zwischen 2 und 10 Sekunden liegen könne. In späteren Arbeiten wurde dieser auch als *ear-voice span* bezeichnete Zeitabstand mit durchschnittlich zwei bis drei Sekunden angegeben (Barik 1969), und die Extremwerte für den *time lag* wurden auf beiden Seiten noch erweitert." (Pöchhacker 1994:7).

Für die Entscheidung über den Einsatzpunkt und das Décalage als Strategie ist Voraussetzung, dass der Dolmetscher im Laufe einer Verdolmetschung stets in der Lage ist, sein Décalage flexibel zu gestalten und an die jeweiligen Erfordernisse anzupassen. Generell setzt er mit der Verdolmetschung ein, sobald er eine Sinneinheit erfasst hat. An bestimmten Stellen, beispielsweise bei Aufzählungen, Eigennamen und Zahlen, muss er sein Décalage jedoch verringern, um sein Kurzzeitgedächtnis nicht überzustrapazieren. Allgemein gilt, dass bei einem generell sehr kurzen Décalage zwar das Kurzzeitgedächtnis des Dolmetschers weniger beansprucht wird, er jedoch Gefahr läuft, zu sehr von der Wortwahl des Redners und der Struktur der Ausgangssprache beeinflusst zu werden. Ein generell sehr großes Décalage wiederum erhöht zwar die Wahrscheinlichkeit, dass der Dolmetscher den Sinn der Aussage richtig versteht, kann jedoch eine Überlastung seines Kurzzeitgedächtnisses mit sich bringen. Deshalb muss der Dolmetscher stets darauf bedacht sein, durch die flexible Gestaltung und Anpassung des

Décalage ein Gleichgewicht herzustellen, um so seine Verarbeitungskapazität in gewissem Maße kontrollieren sowie bestmöglich einsetzen zu können.

Eine weitere der Produktion vorausgehende „Präventivstrategie" ist die Notation von Zahlen und Eigennamen, die der Dolmetscher aus syntaktischen Gründen nicht direkt einbringen kann und vergessen könnte. Diese Strategie hat zwar den Vorteil, dass der Dolmetscher die notierten Zahlen und Eigennamen im entscheidenden Moment parat hat, jedoch auch den Nachteil, dass deren Notation Aufmerksamkeit und zusätzliche Verarbeitungskapazität beansprucht, wodurch beispielsweise andere Informationen verloren gehen können.

Ebenso vor, aber auch noch während des Produktionsprozesses kann es vorkommen, dass dem Dolmetscher ein Begriff in der Zielsprache nicht einfällt oder er den korrekten Terminus nicht kennt. In einem solchen Fall kann er auf zwei Strategien zurückgreifen. Die erste Möglichkeit besteht darin, den dahinter stehenden Sachverhalt mit anderen Worten zu erklären. Durch diese Strategie ist zwar eine Verdolmetschung ohne Informationsverlust möglich, doch ist sie zeitaufwendig und erfordert zusätzliche Verarbeitungskapazität. Die zweite Möglichkeit besteht darin, den Begriff durch einen übergeordneten oder allgemeineren Begriff zu ersetzen. Diese Strategie ist zwar nicht zeitaufwendig und erfordert kaum zusätzliche Verarbeitungskapazität, doch bringt sie einen Informationsverlust mit sich. Außerdem schmälern beide Strategien bei mehrfacher Anwendung die Glaubwürdigkeit des Dolmetschers beim Rezipienten.

Während des Produktionsprozesses finden außerdem Strategien zur Herstellung von Kohärenz im Zieltext Anwendung. An dieser Stelle seien abermals Katharina Reiß und Hans J. Vermeer erwähnt, die im Rahmen der erweiterten Darstellung der Skopostheorie[7] eine Aufgliederung des Kohärenzbegriffs in eine inter- und eine intratextuelle Kohärenz vorgenommen haben. Dabei besagt die Regel der intertextuellen Kohärenz, dass ein Translat mit dem Ausgangstext kohärent sein müsse und die Regel der intratextuellen Kohärenz, dass ein Translat in sich kohärent sein müsse. Entscheidend ist, dass laut Reiß und Vermeer die intratextuelle der intertextuellen Kohärenz vorgeordnet ist und somit die Kohärenz des Zieltextes Vorrang vor der Kohärenz zwischen Ziel- und Ausgangstext hat (vgl. Reiß & Vermeer 1991:119). Zur Herstellung der Kohärenz im Zieltext greift der Dolmetscher vor allem auf die Strategie der Expansion zurück, wobei er

---

[7] „Eine Handlung wird von ihrem Zweck bestimmt (ist eine Funktion ihres Zwecks)." (Reiß/Vermeer 1991:101).

unter Berücksichtigung des Wissens der Rezipienten die Stellen und Zusammenhänge genauer erläutert, die Verständnisschwierigkeiten hervorrufen könnten. Ebenso kann er für die Rezipienten Selbstverständliches bei der Verdolmetschung unerwähnt lassen und für sie besonders Relevantes hervorheben.

Zum Erreichen des Ziels der Kommunikativität werden schließlich stilistische sowie Präsentationsstrategien eingesetzt. Letztere sind für den Simultandolmetscher insbesondere dann unerlässlich, wenn er die vom Redner verwandten nonverbalen Mittel wie Gestik und Mimik durch verbale Mittel substituieren muss. Dazu kann er vor allem mit seiner Intonation, aber beispielsweise auch mit seiner Sprechlautstärke, seinem Sprechtempo sowie den Pausenlängen Akzente setzen und, wenn sein Décalage kurz ist, gleichzeitig auch die nonverbalen Mittel des Redners wirken lassen. Akzente dienen jedoch nicht nur der Kommunikativität der Verdolmetschung, sondern auch der Kompensation kleinerer Verstöße des Dolmetschers. Außerdem verdeutlicht sich dieser durch Akzente selbst den Inhalt und die Struktur der Rede und kann somit den noch klareren Nachhall seines Outputs im echoischen bzw. akustischen Gedächtnis zum Monitoring, d.h. zur Kontrolle nutzen. An dieser Stelle sei eine kurze Erklärung zum echoischen bzw. akustischen Gedächtnis eingefügt:

„Nun gibt es ein Phänomen – das akustische Gedächtnis –, aufgrund dessen die auditive Wahrnehmung länger dauert als die Erzeugung eines Tons. Es ist allgemein bekannt, dass man die Schläge einer Wanduhr noch zählen kann, nachdem diese bereits verstummt ist. Während ganz kurzer Zeit ist man in der Lage, den Ton wieder erscheinen zu lassen und die erneut gehörten Schläge zu zählen – als habe der Mensch in seinem Gehör einen Aufzeichnungsmechanismus, der die Töne eine ganz kurze Zeitlang speichert, ehe er sie an das Bewusstsein weiterleitet oder aber eliminiert. Dieses Phänomen ist beim Dolmetschen von grosser Bedeutung: Dauert dieser Nachhall des Tons lange genug, so kann der Dolmetscher, wenn er einen bestimmten Passus bearbeitet, die Worte wieder erscheinen lassen, die ausgesprochen worden sind, bevor er dort angelangt ist." (Seleskovitch 1988:129).

Das soeben im Zusammenhang mit dem echoischen bzw. akustischen Gedächtnis erwähnte Monitoring ist eine der wichtigsten Strategien, die den gesamten Dolmetschprozess begleitet. So finden, unter der Voraussetzung, dass die Verarbeitungskapazität des Dolmetschers nicht erschöpft ist, permanent und parallel ein auf den Ausgangstext sowie ein auf den Zieltext bezogenes Monitoring statt. Das Monitoring des Inputs bzw. des Ausgangstextes dient dem Dolmetscher dazu, sein Textverständnis auf Korrektheit, Plausibilität und Kohärenz zu überprüfen. Im Rahmen des darauf beruhenden Monitorings seines Outputs bzw. des Zieltextes kontrolliert der Dolmetscher schließlich seine Textproduktion. Da dies in drei verschiedenen Phasen, vor, während und nach der Artikulation des Zieltextes erfolgt, werden planerisches, simultanes und retrospektives Monitoring unterschieden (vgl. Kohn 1990a:162). Die durch die Ergebnisse dieses Monitoringprozesses gegebenenfalls erforderlich werdenden Planänderungen, Ergänzungen und Korrekturen werden dabei mittels verschiedener anderer Strategien vorgenommen. So kommen in der der Artikulation vorausgehenden Phase beispielsweise Vermeidungsstrategien wie Generalisierung, Relativierung, Attenuierung, Neutralisierung, Substitution, Tilgung und Selektion zum Einsatz. Wird der Dolmetscher sich während der Artikulation eines inhaltlichen Fehlers, einer Interferenz[8], einer falschen Kollokation, eines Versprechers etc. bewusst, muss er eine Selbstkorrektur durchführen. Gleiches gilt, wenn er beispielsweise bei „false starts"[9] oder wenn er eine passendere Formulierung gefunden hat, eine Änderung am Äußerungsverlauf vornehmen möchte. Für eine Neuformulierung nimmt der Dolmetscher dabei entweder einen Abbruch auf Wort- bzw. Wortgruppenebene in Kauf oder, wie auch im Falle des retrospektiven Monitorings, die Korrektur vor, nachdem die betreffende Stelle bereits artikuliert wurde. Ist letzteres der Fall, kann der Dolmetscher wiederum zwischen vier verschiedenen Monitoringstrategien wählen. Die dabei am häufigsten angewandte Strategie ist *replacement* im Sinne einer expliziten Korrektur, bei welcher ein bereits geäußertes Segment ausdrücklich durch ein anderes ersetzt wird. Während *replacement* als eine Monitoringstrategie niedrigerer Ordnung bezeichnet wird, werden die drei anderen, die einen höheren kognitiven Aufwand voraussetzen, als Monitoringstrategien höherer Ordnung angesehen. Dabei handelt es sich um *completion*, wobei einem bereits geäußerten Segment ein präziseres beigefügt wird, ohne dass das Erstgenannte ausdrücklich zurückgenommen wird, Approximation, bei welcher ein oder mehrere Segmente als Annäherung an das gesuchte, jedoch nicht gefundene Segment genannt werden, sowie Relativierung, um eine absolute Aussage im Nachhinein abzuschwächen (vgl. Kalina 1998:195/196). Selbst wenn durch den Monitoringprozess Stellen identifiziert werden, an denen diese Planänderungen und Korrekturen erforderlich wären, müssen diese nicht auch gezwungenermaßen vom Dolmetscher umgesetzt werden. Sei es, weil er aufgrund eines hohen Vortragstempos unter Zeitdruck steht oder weil beispielsweise aufgrund der Konzentration auf die Rezeption von Namen und Zahlen oder

---

[8] Einwirkung eines sprachlichen Systems auf ein anderes (vgl. Duden „Das Fremdwörterbuch")
[9] Äußerungen, die eine syntaktisch und grammatikalisch korrekte Beendigung des Satzes unmöglich machen oder inhaltlich falsch sind.

einer inhaltlich und syntaktisch komplizierten Rede seine Verarbeitungskapazität erschöpft ist. Deshalb muss er sich teilweise auf die Korrektur der gravierenden Verstöße beschränken und sich allgemein auf möglichst schnell und automatisch ablaufende Monitoringprozesse stützen können.

3.3 Kapazitätenmanagement

Alle bisher genannten Verarbeitungsschritte und Strategien beanspruchen, solange sie nicht oder nur teilweise automatisiert sind, Aufmerksamkeit und Verarbeitungskapazität. Da diese jedoch begrenzt sind, ist für den Dolmetscher das Kapazitätenmanagement von großer Bedeutung.
Diese Thematik kann anhand des „effort models" von Daniel Gile veranschaulicht werden (vgl. Gile 1995:159-190). In diesem werden für das Simultandolmetschen drei Operationen (*efforts*) unterschieden: Ausgangstextaufnahme und Analyse (*listening and analysis L*), Speicherung im Kurzzeitgedächtnis (*short term memory M*) und Zieltextproduktion (*speech production P*). Hinzu kommt die Koordination dieser drei Operationen (*coordination C*). Diese Gegebenheit fasst Daniel Gile in folgender Gleichung zusammen:
(1) SI = L + P + M + C.
Meistens laufen alle Operationen gleichzeitig ab, werden jedoch, wenngleich es zu Überschneidungen kommen kann, an verschiedenen Textsegmenten durchgeführt. Somit muss die zur Verfügung stehende Gesamtkapazität auf diese Operationen verteilt werden. Entscheidend ist in diesem Zusammenhang die Differenzierung zwischen der zur Verfügung stehenden Gesamtkapazität (*total available processing capacity TA*) und der erforderlichen Gesamtkapazität (*total requirements TR*). Letztere definiert Gile in folgender Gleichung als die Summe der für die einzelnen Operationen erforderlichen Kapazität (*requirements for L, M, P and C*):
(2) TR = LR + MR + PR + CR.
Eine erfolgreiche Verdolmetschung ist nur möglich, wenn die folgenden fünf Bedingungen erfüllt sind:
(3) TR $\leq$ TA, d.h. die erforderliche Gesamtkapazität ist kleiner bzw. genauso groß wie die zur Verfügung stehende Gesamtkapazität.
(4) LR $\leq$ LA, d.h. die erforderliche Kapazität für die Ausgangstextaufnahme und Analyse ist kleiner bzw. genauso groß wie die dafür zur Verfügung stehende Kapazität.

(5) MR ≤ MA, d.h. die erforderliche Kapazität für die Speicherung im Kurzzeitgedächtnis ist kleiner bzw. genauso groß wie die dafür zur Verfügung stehende Kapazität.
(6) PR ≤ PA, d.h. die erforderliche Kapazität für die Zieltextproduktion ist kleiner bzw. genauso groß wie die dafür zur Verfügung stehende Kapazität.
(7) CR ≤ CA, d.h. die erforderliche Kapazität für die Koordination ist kleiner bzw. genauso groß wie die dafür zur Verfügung stehende Kapazität.

Dabei variiert die für eine Operation erforderliche Verarbeitungskapazität je nach zu bearbeitendem Textsegment. Muss der Dolmetscher beispielsweise bei Rednern mit schwer verständlichem Akzent oder Dialekt, syntaktisch und inhaltlich komplexen Reden, hoher Informationsdichte, hohem Vortragstempo, Zahlen, Eigennamen, mangelnder Tonqualität etc. ein höheres Maß an Aufmerksamkeit als gewöhnlich für die Ausgangstextaufnahme und Analyse aufbringen, läuft er Gefahr, die dafür vorgesehene Verarbeitungskapazität zu überlasten. Ist letzteres der Fall, steht ihm weniger Kapazität für die Speicherung im Kurzzeitgedächtnis sowie die Zieltextproduktion zur Verfügung. Oder liegt ihm beispielsweise ein Wort auf der Zunge, will ihm aber nicht einfallen, muss er ein höheres Maß an Aufmerksamkeit als gewöhnlich für die Zielsprachenproduktion aufbringen, wodurch er wiederum Gefahr läuft, die dafür vorgesehene Verarbeitungskapazität zu überlasten. Ist das bei diesem Beispiel der Fall, steht ihm weniger Kapazität für die Ausgangstextaufnahme und Analyse sowie für die Speicherung des nächsten Textsegments zur Verfügung. Ist daraufhin die Gesamtkapazität erschöpft, äußert sich dies in einem Qualitätsverlust sowie in Defiziten bei der Verdolmetschung, wie beispielsweise in inhaltlichen Fehlern und Auslassungen oder in sprachlichen Fehlern, wie falschen oder unpassenden Formulierungen und Versprechern. Deshalb ist es Teil der Dolmetschkompetenz, ein Gleichgewicht zwischen diesen Operationen herzustellen und zu wahren sowie zu erkennen, für welche Operation in welcher Situation mehr Aufmerksamkeit und Verarbeitungskapazität aufgebracht werden muss und bei welcher mit weniger ausgekommen werden kann. Dieses Vorgehen wird mit dem Begriff des Kapazitätenmanagements zusammengefasst. Erleichtert wird dieses durch automatisierte Prozesse und Strategien. Im Gegensatz zu kontrollierten Prozessen und Strategien, die Aufmerksamkeit erfordern, ist für jene keine oder kaum Aufmerksamkeit notwendig. Sie wurden vom Dolmetscher ursprünglich bewusst erlernt und sind durch Übung zu unbewussten automatisierten Handlungen geworden. Dabei sind verschiedene Automatisierungsgrade zu unterscheiden, wobei Prozesse und Strategien mit relativ hohem Automatisierungsgrad trotzdem nicht vollautomatisiert ablaufen. Sie sind jedoch sowohl schneller als auch genauer und erfordern zudem kaum Aufmerksamkeit, so dass der Dolmetscher diese auf die Handlungen richten kann, die noch nicht automatisiert sind oder nicht automatisiert werden können. Dementsprechend sieht Ulrich Kautz in der Erhöhung des Anteils der Automatismen eines der Hauptziele der Dolmetscherausbildung:

„Wie beim Übersetzen gibt es auch beim Dolmetschen (a) automatisierte, verinnerlichte Lösungswege, die der Dolmetscher aufgrund seines Wissens und Könnens und entsprechender Übung ohne nachzudenken quasi als „Reflex", anwendet, und (b) durch Nachdenken („Reflexion") während des Dolmetscheinsatzes gefundene, u.U. sehr zeitaufwendige Lösungswege. Den Anteil der automatisierten, unbewusst angewandten Strategien und Techniken möglichst zu erhöhen, damit genügend Verarbeitungskapazität für die Lösung von Problemen vorhanden ist, die *nicht* automatisierbar sind (und es sind viele!) – das muss eines der Hauptziele der Ausbildung sein. Dies erfordert zum einen, den angehenden Dolmetschern bewusst zu machen, welche Strategien und Lösungen es gibt, und zum anderen, durch geeignete Übungen einen möglichst hohen Automatisierungsgrad anzustreben." (Kautz 2000:325).

4 Empirische Untersuchung

4.1 Versuchsaufbau

Ziel der nachfolgend aufgeführten empirischen Untersuchung ist, die unter 3. einzeln beschriebenen simultanspezifischen (vor allem verstehensstützenden) strategischen Prozesse zu analysieren. Daraufhin soll untersucht werden, ob diese dem entsprechen, was in Barabara Moser-Mercers Modell zum Simultandolmetschen beschrieben wird, und letzteres in diesem Zusammenhang einer kritischen Bewertung insbesondere in Bezug auf diese Aspekte unterzogen werden.
Gegenstand sind dabei Ausschnitte einer Ansprache des heutigen Premierministers Dominique de Villepin. Diese hat er am 30. Juni 2003, als damaliger Außenminister Frankreichs, anlässlich des zweiten Seminars der Umweltbeauftragten der Botschaften Frankreichs in Paris zum Thema Umwelt gehalten. Die ausgewählten Textpassagen eignen sich besonders für die Zwecke dieser empirischen Untersuchung, da sie sowohl sprachlich als auch inhaltlich anspruchsvoll sind und komplizierte Satzstrukturen, Zahlen, Eigennamen etc. enthalten, was den Einsatz und die Kombination der verschiedenen zu untersuchenden simultanspezifischen Strategien erforderlich macht.
Die von einer französischen Muttersprachlerin vor der Durchführung des Versuchs verlesene und auf Tonband aufgezeichnete Fassung der Rede hat eine Gesamtlänge von 9:30 Minuten.
Der Versuch selbst wurde mit sieben Probanden, alle fortgeschrittene Studierende und Examenskandidaten der Fachrichtung Dolmetschen am Fachbereich Angewandte Sprach- und Kulturwissenschaften der Johannes Gutenberg-Universität Mainz in Germersheim, durchgeführt. Diese dolmetschten jeweils simultan aus ihrer ersten Fremdsprache Französisch in ihre Muttersprache Deutsch. Als einzige Informationen erhielten sie unmittelbar vor Durchführung des Versuchs Angaben zum Redner, zu seiner Funktion, zum Anlass sowie das Datum und das Thema der Rede. Daraufhin bekamen alle Probanden den Text gleichzeitig eingespielt.
Die Verdolmetschungen wurden auf Tonband aufgezeichnet und anschließend orthographisch transkribiert. Dabei wurde den Transkriptionen ein einheitlicher Zeitwert von 10 Sekunden pro Zeile zugrunde gelegt. Pausenlängen von einer Sekunde oder mehr wurden durch in Klammern stehende Pausenpunkte angezeigt, wobei ein Punkt für zwei Sekunden steht und jeder weitere Punkt für jeweils eine Sekunde. Außerdem wurden Versprecher und Hesitationslaute als entsprechende Schreibsilben wiedergegeben. Im

Folgenden sollen die Transkriptionen in Verbindung mit den Aufnahmen, die ihnen zugrunde liegen, ausgewertet werden. Der Ausgangstext sowie die Transkriptionen der Verdolmetschungen der Probanden sind in voller Länge im Anhang aufgeführt.

4.2 Versuchsauswertung

4.2.1 Antizipation

Wie bereits unter 3.1.1 erwähnt, ist die Bedeutung, die der Antizipation beim Dolmetschen zukommt, von der Sprachenpaarkombination sowie der Dolmetschrichtung abhängig. So spielt Antizipation beim Simultandolmetschen aus dem Deutschen ins Französische eine viel wichtigere Rolle als aus dem Französischen ins Deutsche. Denn bei letztgenannter Verarbeitungsrichtung besteht aufgrund der syntaktischen Strukturen von Ausgangs- und Zielsprache oftmals keine Notwendigkeit zum Antizipieren.
Dazu kommt, dass im Rahmen einer empirischen Untersuchung auf Basis eines Vergleichs des Ausgangstextes mit der Verdolmetschung nur die Art von Antizipation beobachtet und nachgewiesen werden kann, bei der der Dolmetscher bereits vor dem Redner ein Segment äußert. Das gleiche gilt für Fehlantizipationen, bei denen das vom Dolmetscher antizipierte und bereits formulierte Segment nicht vom Redner geäußert wird. Erfolgen beide Äußerungen gleichzeitig oder in extrem geringem zeitlichem Abstand, ist dies ein Hinweis auf wahrscheinlich erfolgte Antizipation, da der Dolmetscher die Äußerung des Redners noch nicht verarbeitet haben kann und antizipiert haben muss. Diese Art von Antizipation, bei der die Verdolmetschung zeitlich nicht messbar vor der Äußerung des Redners formuliert wird, besitzt jedoch im Rahmen dieser empirischen Untersuchung keine Beweiskraft. Deshalb wird im Folgenden nur auf die Art von Antizipation eingegangen, bei der einzelne Probanden ein bestimmtes Textsegment vor dem Redner geäußert haben.
Hierzu ein Beispiel für Antizipation als *bottom-up* verlaufende Strategie, d.h. Antizipation, die durch die sprachliche Struktur des Ausgangstextes ermöglicht wird:
Aujourd'hui, préserver l'environnement, au Nord comme au Sud, à l'Est comme, et nous devons malheureusement avouer nos propres imperfections, à l'Ouest, et mettre en œuvre à l'échelle mondiale une véritable stratégie de développement durable constituent des défis majeurs. (2:24 – 2:50)

Bei diesem Satz behält nur Proband 1, aufgrund seines geringen Décalages, die Struktur des Ausgangstextes bei der Zieltextproduktion bei. Die sechs anderen Probanden segmentieren und dolmetschen *à l'Ouest* vor dem Einschub *et nous devons malheureusement avouer nos propres imperfections*. Von diesen antizipieren zwei nachweisbar *à l'Ouest* (2:36): Proband 2 bei 2:35 und Proband 5 bei 2:34. Letzterer ist auch der einzige, dessen Verdolmetschung inhaltlich und sprachlich richtig sowie kohärent ist: *Umweltschutz, sowohl in den nördlichen als auch in den südlichen Ländern, im Westen als auch im Osten, hier müssen wir leider unseren mangelnden Umweltschutz im Westen anerkennen, und weltweit eine Strategie der nachhaltigen Entwicklung umzusetzen, sind große Herausforderungen.*
Durch die Antizipation gelingt es ihm, einen Teil des Verstehens- und Verarbeitungsprozesses des Originals zu „überspringen". Die somit eingesparte Verarbeitungs- und Aufmerksamkeitskapazität stehen ihm daraufhin für andere Operationen zur Verfügung, wie beispielsweise für die Zielsprachenproduktion, die Aufnahme und Analyse des nächsten Textsegments sowie das Monitoring. Letzteres bewirkt, dass er nach der Verdolmetschung von *à l'Ouest* vor *à l'Est* im darauf folgenden Einschub einen Rückbezug auf den Westen einfügt, so dass diese Stelle inhaltlich wie auch sprachlich richtig zu Ende gebracht werden kann.
Bei den Verdolmetschungen aller anderen Probanden kommt es in diesem Satz hingegen zu falschen Bezügen, Auslassungen, inhaltlichen, syntaktischen oder sprachlichen Fehlern. So hat auch Proband 2, der *à l'Ouest* ebenfalls antizipiert hat, bei der Fortsetzung des Satzes Schwierigkeiten: *Heute ist Umweltschutz im Norden wie auch im Süden, im Est, im Osten und auch im Westen, und wir müssen zugeben, dass wir selbst nicht perfektionistisch sind, Umweltschutz ist eine große Herausforderung und es gilt auf internationaler Ebene eine langhaft, eine nachhaltige Entwicklung, eine nachhaltige Strategie zu entwickeln.*
Zu Beginn des Satzes treten zwei Interferenzen auf: *Est*, was durch das Monitoring als falsch identifiziert und verbessert wird, und *perfektionistisch*, was hingegen nicht verbessert wird. Der Grund hierfür ist wahrscheinlich, dass der Proband die Verdolmetschung gar nicht als falsch erkennt, wobei auch die Möglichkeit besteht, dass er sich des Fehlers bewusst ist, sich jedoch aufgrund von Zeitdruck und mangelnder Kapazität gegen eine Verbesserung entscheidet. Er nimmt daraufhin zur Herstellung der intratextuellen Kohärenz der Verdolmetschung *Umweltschutz* nochmals auf, wodurch jedoch ein syntaktischer Bruch entsteht. Außerdem segmentiert er und fügt, sobald er es hört, *ist eine große Herausforderung* ein, wofür er einen Informationsverlust in Kauf nimmt, da er die zweite Heraus-

forderung zwar anschließend noch nennt, jedoch nicht als solche bezeichnet. An dieser Stelle hat er bereits ein relativ großes Décalage, wodurch seine Speicher- und Verarbeitungskapazität überlastet ist. Deshalb verfällt er in ein schnelleres Sprechtempo als zuvor, was zur Folge hat, dass er sich verspricht und schließlich *mettre en oeuvre ... une véritable stratégie de développement durable* mit *eine nachhaltige Strategie entwickeln* dolmetscht, weil er sich nicht mehr an *mettre en oeuvre* erinnern kann und *développement* noch nachklingt.

4.2.2 Inferenzieren

Auch für das Inferenzieren gilt, dass es im Rahmen einer empirischen Untersuchung auf Basis eines Vergleichs des Ausgangstextes mit der Verdolmetschung nur beobachtet und analysiert werden kann, wenn es bei der Zieltextproduktion beispielsweise zu einer Generalisierung, Attenuierung, Neutralisierung, Substitution oder zu einem Fehler kommt. Ermöglicht das Inferenzieren hingegen eine erfolgreiche und vollständige Verdolmetschung, besitzt es im Rahmen dieser empirischen Untersuchung keine Beweiskraft, da nicht nachgewiesen werden kann, ob ein Proband direkt oder mit Hilfe dieser Strategie zur jeweiligen Lösung gelangt ist. Deshalb wird im Folgenden nur auf die Stellen eingegangen, an welchen das Inferenzieren bei einzelnen Probanden zu ungenauen oder falschen Verdolmetschungen geführt hat.
Beispiel 1:
La tâche est immense. Le quart des espèces vivantes sont gravement menacées. (3:50 – 3:57)
Mit Ausnahme von Proband 7 dolmetscht hier keiner *le quart* mit *ein Viertel*. Das kann in diesem Fall weder auf externe Faktoren, wie technische Störungen, eine zu schnell gehaltene Rede oder eine undeutliche Aussprache des Redners, noch auf ein lexikalisches Problem zurückgeführt werden. Wahrscheinlich ist vielmehr, dass zumindest bei einem Teil der Probanden an dieser Stelle kaum Kapazität für das Hörverstehen zur Verfügung steht, da zu viel für die Zieltextproduktion der vorhergehenden Textsegmente benötigt wird oder speziell beim letzten versucht wird, eine Verdolmetschung von *immense* mit immens zu umgehen. Anderen Probanden wiederum könnte der Übergang vom allgemein gehaltenen Anfang der Rede zum konkreten Mittelteil zu überraschend sein oder *ein Viertel* aufgrund mangelnden Wissens als zu viel bzw. zu wenig erscheinen. Allerdings wenden fünf dieser sechs Probanden die Strategie des Inferenzierens an. Durch ihr

Kontext- und Allgemeinwissen sowie unter Berücksichtigung der Absichten des Redners und der Logik der Rede erkennen sie, dass es sich um eine große Anzahl handeln muss und setzen *viel* oder *sehr viel* ein:
Die Aufgabe ist nicht leicht. Viele Arten gilt es zu schützen. (Proband 3)
Diese Aufgabe ist für uns gewaltig. Viele Lebewesen sind bedroht. (Proband 5)
Dies ist eine wichtige Aufgabe. Sehr viele, äm, lebender Tierarten sind beispielsweise bedroht. (Proband 6)
Viele Lebensarten sind bedroht. (Proband 2)
Viele Arten sind heute akut bedroht. (Proband 4)
Bei den Probanden 2 und 4 kommt es zu einer Auslassung des ersten hier aufgeführten Satzes, was ein Hinweis darauf ist, dass ihre Schwierigkeiten bereits vor dieser Stelle liegen, jedoch Auswirkungen auf den Fortlauf der Verdolmetschung haben. Jene kommen bei Proband 4 in einem Décalage von 7 Sekunden zum Tragen, welches die Tilgung des genannten Textsegments bedingt. Die dadurch freigesetzten Kapazitäten nutzt er u.a. zum Inferenzieren und zur Verdolmetschung von *gravement*, was alle außer ihm und Proband 1 tilgen.
Anhand dieses Beispiels wird auch deutlich, dass eine Ungenauigkeit oder ein Fehler nicht immer direkt an der Stelle auftritt, die eine Schwierigkeit darstellt, sondern oftmals an einer anderen, an der die Kapazität des Dolmetschers aufgrund der vorhergehenden Überlastung erschöpft ist. Dadurch wird es umso komplizierter, die wahre Fehlerquelle zu identifizieren.
Beispiel 2:
Les idées françaises font leur chemin puisque nos partenaires de la Baltique s'en inspirent aujourd'hui pour mieux protéger leur propre espace maritime, très vulnérable lui aussi. (8:49 – 9:02)
Auch an dieser Stelle steht einzelnen Probanden vermutlich kaum Kapazität für das Hörverstehen zur Verfügung, da zu viel für die Zieltextproduktion der vorhergehenden Textsegmente oder speziell am Satzanfang für eine sprachlich ansprechende Übertragung von *les idées françaises font leur chemin* ins Deutsche benötigt wird:
Unsere Ideen waren erfolgreich. Denn auch unsere Partner möchten heutzutage ihren eigenen Meeresbereich schützen. Denn auch dieser ist sehr fragil. (Proband 3)
Die französischen Gedanken sind Vorreiter. (.....) Auch andere Gebiete wollen heute ihre Meeresgebiete schützen und ... (Proband 1)
Während sich die Überlastung bei Proband 3 zunächst nur in der Auslassung von *de la Baltique* äußert, entgeht Proband 1 ein umfangreicheres Textsegment, so dass er mit Hilfe seines Kontext- und Allgemeinwissens

sowie unter Berücksichtigung der Absichten des Redners und der Logik der Rede *andere Gebiete* inferenziert und dadurch das vom Redner Gesagte verallgemeinert. Hinzu kommt bei beiden, dass sie die Verbindung *s'en inspirent aujourd'hui pour mieux protéger leur propre espace maritime* nicht erkennen und den in gewissem Maße bereits gegebenen Schutz der Meere durch die Verwendung von *möchten* bzw. *wollen* zu einem Ziel machen. Letzteres verdeutlicht, wie das Inferenzieren von Hilfsverben die wahre Aussage und den Sinn eines Textsegments verfälschen kann.

Zu einer Verfälschung der Aussage, wie sie im Original enthalten ist, kommt es an dieser Stelle auch bei Proband 2:

Die französischen Ideen setzen sich durch. (......) Wir haben schon sehr viel erreicht.

Ihm entgeht durch die Überlastung ein Textsegment, woraufhin es ihm nicht mehr gelingt, den Zusammenhang herzustellen und eine sieben Sekunden lange Pause entsteht. Um zu verhindern, dass diese noch länger und der Zuhörer dadurch ungeduldig wird, greift er auf die Notstrategie Substitution zurück. Dabei fügt er, unter Berücksichtigung des vorangegangenen Satzes, des Kontextwissens und der Absichten des Redners, etwas möglichst Neutrales und für Frankreich Positives ein.

Beispiel 3:

Im Folgenden soll noch auf zwei Fälle hingewiesen werden, die bei Wahrnehmungslücken immer wieder durch falsches Inferenzieren zu ungenauen und falschen Verdolmetschungen führen.

Der erste Fall betrifft das soeben bereits erwähnte Inferenzieren von Hilfsverben:

La France doit donc faire des propositions et rassembler les énergies. (5:38 – 5:43)

Frankreich möchte deshalb Vorschläge unterbreiten und alle Kraft bündeln, um dieses Thema zu bewältigen. (Proband 3)

Vorschläge unterbreiten und alle Kraft bündeln ist hier eine Notwendigkeit, eine Aufforderung im Sinne der zuvor genannten Dringlichkeit zu handeln. Deshalb ist die Aussage, dass Frankreich dies tun *möchte*, in diesem Zusammenhang zu schwach.

La France se trouve désormais à la pointe de l'action en faveur de l'environnement. Dans le domaine de la protection du milieu marin, notre diplomatie s'est particulièrement illustrée, montrant du même coup la capacité d'action qui peut être la nôtre sur ces nouveaux enjeux, à condition bien entendu que cette action soit bien conçue, déterminée et durable. (6:57 – 7:25)

Frankreich muss Vorreiter beim Umweltschutz sein. Auch den Meeresschutz (.....) werden wir stärker betreiben, wir im Außenministerium, denn auch hier gibt es viele Herausforderungen. Die Handlungsweisen müssen aber gut überlegt, entschlossen und nachhaltig sein. (Proband 4)
Die Absicht des Redners zu Beginn dieses Textausschnitts ist, auf die Vorreiterrolle Frankreichs beim Umweltschutz sowie auf den Erfolg des Außenministeriums beim Schutz der Meere hinzuweisen. Diese wird vom Probanden jedoch aufgrund mangelnder Kapazität für die Ausgangstextaufnahme und Analyse nicht erkannt und daraufhin bei der Verdolmetschung von *se trouve désormais à la pointe* mit dem Hilfsverb *muss Vorreiter sein* und von *s'est particulièrement illustrée* mit dem Futur *werden wir stärker betreiben* nicht berücksichtigt. Der Umweltschutz sowie der Schutz der Meere werden dabei nicht als Erfolg gerühmt, sondern als Vorhaben beschrieben. Dieses Beispiel verdeutlicht, dass nicht nur falsch eingesetzte Hilfsverben, sondern auch Tempora von Verben den Sinn einer Aussage verfälschen können.

4.2.3 Segmentierung

In Anlehnung an Frieda Goldman-Eislers unter 3.1.3 beschriebene Untersuchung zur Weiterverarbeitung des Inputs, soll auch bei der Auswertung dieser empirischen Untersuchung zwischen „identity", „fission" und „fusion" unterschieden werden. Während Goldman-Eisler am meisten „fusions" zählte, bei denen der Dolmetscher zwei oder mehrere Einheiten speichert und daraufhin zusammen weiterverarbeitet, überwiegen in der von mir durchgeführten empirischen Untersuchung die „fissions", bei denen der Dolmetscher mit der Weiterverarbeitung der jeweiligen Einheit bereits dann beginnt, wenn sie noch nicht vollständig gehört wurde, was voraussetzt, dass er sie weiter segmentiert. Dieses Ergebnis kann auf die unterschiedlichen untersuchten Sprachenkombinationen, den Schwierigkeitsgrad der Rede, die Vortragsgeschwindigkeit des Redners sowie die Technik der einzelnen Dolmetscher zurückzuführen sein. Generell wird deutlich, dass ein Dolmetscher sich insbesondere an den Stellen für „fissions" entscheidet, an denen die Syntax der Ausgangssprache komplex und beispielsweise von Schachtelsätzen geprägt ist.
Beispiel 1:
Je salue la présence parmi nous de Monsieur Julius Georg Luy, ambassadeur chargé de l'Environnement au sein du ministère des affaires étrangères allemand, au côté de son homologue français, qui témoigne de

l'excellente coopération qui existe entre nos deux pays sur le sujet, ainsi que le représentant de l'ambassade du Royaume-Uni à Paris, Monsieur Hugh Elliott, conseiller pour les affaires globales. (0:08 – 0:54)
Alle sieben Probanden segmentieren diesen Satz, wobei ihn drei einmal, zwei zweimal und zwei sogar dreimal unterteilen:
Ich begrüße sehr, dass Herr Julius Georg Luy anwesend ist, der Botschafter für Umwelt im Außenministerium Deutschlands. Daneben ist sein französischer Amtskollege anwesend und dies zeugt von der guten Zusammenarbeit unserer, zwischen unseren beiden Ländern. Auch der Vertreter des Vereinigten Königreiches, Herr Hugh Elliott, ist anwesend. Und dies alles, dies freut mich sehr. (Proband 2)
Auch Herrn Julius Georg Luy müsste, möchte ich hier begrüßen. Er ist Botschafter für Umwelt beim Außenministerium in Deutschland. Er arbeitet mit seinem französischen Pendant zusammen und auch ihn möchte ich begrüßen. Ebenso Herrn Hugh Elliott, den Beauftragten für allgemeine Fragen aus Großbritannien. (Proband 4)
Ich freue mich über die Anwesenheit von Herrn Georg Luy, dem Botschafter zu Umweltfragen im deutschen Außenministerium. Ihn begleitet sein französischer Amtskollege, der stark an der Zusammenarbeit zwischen unseren beiden Ländern zu diesem Thema interessiert ist. Außerdem sind vertreten die Vertreter des brit, des Vereinigten Königreichs, Mister Hugh Elliott. (Proband 3)
Ich begrüße Herrn Julius Georg Luy, den Beauftragten für Umweltschutz beim deutschen Außenministerium, gemeinsam mit seinem französischen Amtskollegen. Die, die Anwesenheit der beiden zeigt die hervorragende Arbeit, Zusammenarbeit unserer beiden Länder in diesem Thema. Ebenso begrüße ich den Vertreter der britischen Botschaft in Paris, der zuständig ist für Umweltfragen. (Proband 5)
Ich begrüße auch die Anwesenheit von Herrn Georg Luy, dem Botschafter für Umwelt im Außenministerium von Deutschland, (..) neben seinem Amtskollegen aus Frankreich, mit dem eine sehr gute Zusammenarbeit funktioniert, auch zwischen unseren beiden Ländern zu diesem Thema. Außerdem der Botschafter Herr Hugh Elliott aus Großbritannien für (..) internationale Angelegenheiten. (Proband 1)
Ich freue mich sehr über die Anwesenheit von Herrn Julius Georg Luy, äm, Botschafter für Umweltfragen des Außenministeriums aus Deutschland. Neben seinem französischen Amtskollegen, mit dem er sehr gut zusammenarbeitet, ist er heute hier erschienen, wie auch der Vertreter der Botschaft des Vereinigten Königreichs in Paris, Herrn Hugh Elliott, der, äm, für globale Fragen verantwortlich ist. (Proband 6)

... ich, äh, freue mich über die Präsenz des Botschafters, der, des Umweltschutzes, der im deutschen Umweltschutz, in der deutschen Umweltschutzpolitik tätig ist und dies ist ein Zeichen unserer Zusammenarbeit zwischen unseren beiden Ländern zu diesem Thema. Vertreten auch der Botschafter der, von Großbritannien, der für (...) generellere Dinge zuständig ist. (Proband 7)

Die Dolmetscher segmentieren bzw. unterteilen diesen relativ langen Satz und bilden mit den bereits gehörten Sequenzen einzelner erkannter Wörter (*string of processed words*) einzelne Teilaussagen und kürzere Sätze. Das Segmentieren dient ihnen dabei zum einen als verstehensstützende Strategie und zum anderen als Strategie zur Zieltextproduktion. Je öfter ein Proband diesen relativ langen und komplexen Satz unterteilt, desto kürzer und dementsprechend einfacher werden die Sätze in der Zielsprache. Diese Abstriche beim Stil in Kauf zu nehmen, erweist sich jedoch als sinnvoll. Denn durch diese Unterteilung in Sinneinheiten und deren schrittweise Verdolmetschung entlastet der Dolmetscher bei langen und komplexen Sätzen sein Kurzzeitgedächtnis und behält einen besseren Überblick über den Inhalt der Aussage sowie die Absicht des Redners. Dies äußert sich meist in einer kohärenteren und besser verständlichen Verdolmetschung, in der weniger syntaktische und semantische Verstöße auftreten, als wenn der Dolmetscher die einzelnen Einheiten entsprechend der Segmentierung des Ausgangstextes weiterverarbeitet („idenity").

Beispiel 2:

Je n'oublie pas que notre pays est, peut-être, le plus riche au monde en diversité biologique terrestre, avec notre présence dans presque tous les grands milieux de la planète, qu'ils soient tempérés, méditerranéens, insulaires, tropicaux ou polaires. (6:27 – 6:49)

Bei diesem Beispiel sollen die Lösungswege zweier Probanden verglichen werden, von welchen sich Ersterer für die Möglichkeit „identity" und der als Zweiter aufgeführte für die Möglichkeit „fission" entscheidet:

Ich vergesse dabei nicht, dass unser Frank, unser Land vielleicht eines der reichsten ist, was die Artenvielfalt angeht, mit unserer (...) Anwesenheit in allen Gebieten auf der Erde, in gemäßigten, in den Mittelmeerbereichen, in den Tropen und in den Polarbereichen. (Proband 1)

Ich möchte nicht außer Acht lassen, dass unser Land wohl das Land ist, das die größte Artenvielfalt hat. Denn wir sind in fast, in gem, sow, gem, in gemäßigten, in Mittelmeerzonen präsent, als auch in Inselgebieten und den Tropen sowie der, in Polargebieten. (Proband 5)

Hier wird deutlich, dass die Entscheidung für eine bestimmte Strategie oder Möglichkeit vom Dolmetscher und der von ihm bevorzugten Technik abhängt. So ist nicht nur beim ersten, sondern auch bei diesem Beispiel auffällig, dass Proband 1 die Tendenz hat, wenn möglich die Struktur und Formulierungen des Ausgangstextes bei der Zielsprachenproduktion beizubehalten. Ob bei der Verdolmetschung von *je n'oublie pas* mit *ich vergesse dabei nicht*, von *que notre pays est, peut-être, le plus riche au monde en diversité biologique terrestre* mit *dass unser Frank, unser Land vielleicht eines der reichsten ist, was die Artenvielfalt angeht* oder von *avec notre présence dans presque tous les grands milieux de la planète* mit *mit unserer (...) Anwesenheit in allen Gebieten auf der Erde*, übernimmt dieser Dolmetscher den Ausgangstext fast wörtlich.

An dieser Stelle sei angemerkt, dass auch vier weitere Probanden *que notre pays est, peut-être, le plus riche au monde en diversité biologique terrestre* transkodieren:

dass unser Land vielleicht eines der reichsten Länder in dieser Welt ist, auch was die Artenvielfalt und die Landschaft betrifft (Proband 2),

unser Land ist eines der reichsten Länder der Welt, wenn wir die Artenvielfalt betrachten (Proband 3),

dass unser Land eines der reichsten Länder ist, auch was die Biodiversität betrifft (Proband 4) und

dass unser Land zu den reichsten Ländern der Welt gehört, was, äm, die, äh, die biologische Vielfalt betrifft (Proband 6).

Diese Wörtlichkeit ist einerseits darauf zurückzuführen, dass die Originalrede an dieser Stelle relativ langsam ist, was die These Goldman-Eislers bekräftigt, ein Dolmetscher neige umso mehr dazu, die Segmentierung des Inputs beizubehalten, je langsamer die Vortragsgeschwindigkeit ist. Andererseits ist sie ein Hinweis darauf, dass die bereits gehörten Segmente so schnell wie möglich weiterverarbeitet und, um Kapazitäten freizusetzen, gedolmetscht werden, wodurch in diesem Fall die eigentliche und umfassendere Sinneinheit zuerst außer Acht gelassen und daraufhin eine Ergänzung notwendig wird.

Dazu kommt, dass die Übernahme der Struktur des Ausgangstextes die für die Zieltextproduktion zur Verfügung stehenden Ausdrucksmöglichkeiten erheblich einschränkt, so dass beispielsweise an der darauf folgenden Stelle bei Proband 1 nach *mit unserer* ein Substantiv folgen muss. Eine verbale Auflösung dieses Satzteils wäre jedoch nicht nur einfacher gewesen, sondern hätte wahrscheinlich auch zu einer sprachlich angemesseneren Verdolmetschung geführt.

Letzteres gelingt Proband 5 durch seinen Abstand zum Redner, seine Analyse sowie das Segmentieren durch „fission" mit der Verdolmetschung von *je n'oublie pas* mit *ich möchte nicht außer Acht lassen* und von *que notre pays est, peut-être, le plus riche au monde en diversité biologique terrestre* mit *dass unser Land wohl das Land ist, das die größte Artenvielfalt hat* im ersten Teil des Satzes besonders gut. Obwohl er nach dem Segmentieren einen neuen Satz beginnen kann, hat auch er Schwierigkeiten, den zweiten Teil zu formulieren. Der Grund hierfür ist wahrscheinlich die Aufzählung, die besonders viel Kapazität für die Ausgangstextaufnahme sowie die Speicherung im Kurzzeitgedächtnis erfordert, wodurch zu wenig Kapazität für die Zieltextproduktion zur Verfügung steht.

Beispiel 3:

Es wurde bisher noch nicht näher auf die Möglichkeit „fusion" eingegangen, bei welcher der Dolmetscher zwei oder mehrere Einheiten speichert und daraufhin zusammen weiterverarbeitet. Dies liegt daran, dass die Probanden eher dazu neigen, einzelne Sätze als satzübergreifend zu segmentieren und „fusion" vor allem als Notstrategie zur Zieltextproduktion eingesetzt wird. Es dient jedoch auch allgemein der Anpassung an die Syntax und Semantik der Zielsprache und ermöglicht es, Einheiten, die leicht vergessen werden, zum frühestmöglichen Zeitpunkt zu dolmetschen sowie wichtige Einheiten besonders hervorzuheben:

Comme l'a affirmé le président de la République à Johannesburg, il y a un an, l'urgence est désormais à l'action. (5:27 – 5:36)

Vor einem Jahr wurde in Johannesburg die Dringlichkeit festgestellt, dass wir handeln müssen. (Proband 4)

Der Staatspräsident hat es vor einem Jahr in Johannesburg betont. Wir müssen nun handeln. (Proband 6)

Während beide Probanden in der zweiten Satzhälfte die Dringlichkeit zu handeln hervorheben, setzen sie in der ersten Satzhälfte durch die Segmentierung unterschiedliche Akzente. Dadurch, dass Proband 4 *le président de la République* nicht dolmetscht sowie *vor einem Jahr* an den Satzanfang stellt und betont, liegt sein Schwerpunkt auf dem Zeitpunkt, der in der Originalrede mehr einen Einschub als einen Schwerpunkt darstellt. Proband 6 hingegen gelingt es durch die Kombination von „fusion" und „fission" besser, die jeweilige Gewichtung der verschiedenen Segmente des Ausgangstextes unter Berücksichtigung der Syntax der deutschen Sprache zu übernehmen.

Allgemein wird deutlich, dass beim Simultandolmetschen mehr und stärkere Akzente gesetzt werden als in der monolingualen Kommunikation. Dies kann sowohl auf die Strategie der Segmentierung zurückzuführen sein, die Spuren in der Stimme hinterlässt, als auch darauf, dass der Dolmetscher den Zieltext so kommunikativ wie möglich gestalten möchte.

4.2.4 Wissensaktivierung

Während des gesamten Dolmetschprozesses besteht ein ständiges Zusammenspiel zwischen dem sprachlichen und kulturellen, Allgemein-, Fach- und Kontext- sowie Theorie- und Methodenwissen des Dolmetschers, was ihm sowohl das Analysieren und Verstehen des Ausgangstextes als auch die Zieltextproduktion erleichtert. Diese Aktivierung verschiedensten Wissens soll anhand der folgenden Beispiele verdeutlicht werden:

Beispiel 1:

Le cinquième des terres arides fragiles est touché par une importante dégradation des sols qui met en danger environ un milliard de personnes. Lors de mes déplacements en Afrique, j'ai eu l'occasion d'observer les tensions que pouvait créer la gestion des ressources en eau, de voir aussi l'avancée du désert. (3:58 – 4:26)

An dieser Stelle ist besonders auffällig, dass vier der sieben Probanden *la gestion des ressources en eau* direkt mit Wassermangel in Verbindung bringen und dementsprechend mit *knappe Wasserressourcen* (Proband 1), *begrenzte Verfügbarkeit der Ressourcen* (Proband 2), *Wassermangel* (Proband 4) und *dass Naturressourcen zur Verfügung stehen oder nicht* (Proband 7) dolmetschen. Während nur kurz erwähnt sei, dass die Probanden 2 und 7 *ressources en eau* mit *Ressourcen* bzw. *Naturressourcen* zu ungenau dolmetschen, soll in diesem Zusammenhang insbesondere darauf hingewiesen werden, dass diese vier Probanden ihr Allgemein- und Kontextwissen aktivieren und daraufhin bei ihren Verdolmetschungen etwas in der Rede implizit enthaltenes explizit äußern:

Es gibt eine große Verschlechterung der Böden, die circa eine Milliarden von Menschen gefährden. (...) Als ich nach Afrika gereist bin, hatte ich die Gelegenheit, die Spannungen zu sehen, die durch, äh, die knappen Wasserressourcen entstehen können und durch die Entstehung von immer mehr Wüstengebieten. (Proband 1)

Viele Lebensräume sind bedroht. Und in vielen Bereichen der Welt verschlechtert sich die Qualität der Böden und eine Milliarde Menschen sind dadurch gefährdet. Bei meinen Reisen nach Afrika hatte ich Gelegenheit die Spannungen zu erleben, die entstehen durch eine begrenzte Verfügbarkeit der Ressourcen und durch die immer weitere Verwüstung. (Proband 2)

Trockene Boden, Böden sind nicht sehr fruchtbar. Es herrscht Dürre und sehr viele Menschen, circa eine Milliarde, leiden darunter. Auf Reisen nach Afrika habe ich bemerkt, wie viel Konfliktpotenzial das Wassermanagement hervorrufen kann. Außerdem bildet die Wüstenbildung ein großes Problem. (Proband 3)

(......) Die Erderosionen und Trockenheit bedroht eine Milliarde Menschen in der Welt. Als ich nach Afrika reiste, konnte ich dort beobachten, welche Spannungen durch Wassermangel und Ausbreitung des, der Wüste auftreten können. (Proband 4)
Fünf, ein Fünfte der, (...) der Böden ist von, ist bedroht und dies zerstört die Lebensgrundlage von einer Milliarde Menschen. Als ich in Afrika war, konnte ich die Spannungen sehen, die der, den Umgang mit Wasser hervorgerufen hat und auch die fortschreitende Wüstenbildung. (Proband 5)
Es gibt, äm, sehr viele Umweltprobleme durch, äm, die, den Zerfall der Böden. Dies, äm, führt dazu, dass eine Milliarde Menschen sich in Gefahr befinden. Als ich in Afrika war, konnte ich (...) sehen, wie die Ressourcen verwandelt, verwaltet werden. (..) (Proband 6)
Ein Fünftel (..) der Böden der Welt sind, ähm, laufen Gefahr, sich zu verschlechtern, was eine Milliarde Menschen gefährdet. Während meiner Afrikareisen habe ich Gelegenheit gehabt, Spannungen zu beobachten, die dadurch entstehen, dass, äh, Naturressourcen zur Verfügung stehen oder nicht. Die Wüste schreitet voran und ... (Proband 7)
Auch Proband 5 äußert etwas in der Rede implizit enthaltenes explizit. Zu Beginn des ersten hier aufgeführten Satzes hat er Schwierigkeiten, welche wahrscheinlich auf die Zahl zurückzuführen sind, die er neben Proband 7 als Einziger dolmetscht, und die zu viel der ihm zur Verfügung stehenden Kapazität in Anspruch nimmt. Diese Kapazität fehlt ihm daraufhin bei der Ausgangstextaufnahme und Analyse des nächsten Textsegments sowie bei der Zieltextproduktion, weshalb es nach einer vier Sekunden langen Pause zu einer Auslassung sowie zu einer unpassenden Formulierung kommt. Durch eine Analyse auf Basis seines Allgemein- und Kontextwissens dolmetscht er jedoch das darauf folgende Textsegment *qui met en danger environ un millard de personnes* mit *dies zerstört die Lebensgrundlage von einer Milliarde Menschen* und ist somit konkreter als der Redner.
Am Anfang des ersten hier aufgeführten Satzes hat auch Proband 4 Schwierigkeiten, die sich in einer sieben Sekunden langen Pause äußern. Er beginnt daraufhin seine Verdolmetschung mit *die Erderosionen und Trockenheit*, was vermuten lässt, dass er den ersten Teil des Satzes erst nach dem Hören und Dolmetschen von *une importante dégradation des sols* mit Hilfe seines Kontext- und Allgemeinwissens versteht. Nach den anfänglichen Schwierigkeiten besteht seine Strategie somit darin, zusammenzufassen und zu verallgemeinern, wodurch es ihm gelingt, eine kohärente Verdolmetschung zu produzieren. Hinzu kommt, dass die Verwendung des fachsprachlichen Begriffs *Erosion* diesen Dolmetscher unter den Rezipienten wahrscheinlich sogar kompetenter wirken lässt als andere.

Im Gegensatz dazu kommt es bei Proband 2 zu einer Schmälerung der Glaubwürdigkeit, wenn er *l'avancée du désert* mit *die immer weitere Verwüstung* dolmetscht. Dies kann sowohl auf fehlendes sprachliches Wissen als auch auf mangelnde Kapazität für die Zieltextproduktion und das Monitoring zurückzuführen sein. Ist letzteres der Fall, erkennt er den Fehler vielleicht nicht, wobei auch die Möglichkeit besteht, dass er sich des Fehlers bewusst ist, sich jedoch aufgrund von Zeitdruck und mangelnder Kapazität gegen eine Verbesserung entscheidet. Dies trifft hier vermutlich zu, da im Fortlauf der Verdolmetschung deutlich wird, dass er dem Redner nicht mehr folgen kann und er eine Auslassung sowie eine sechs Sekunden lange Pause in Kauf nehmen muss, bis er seine Verdolmetschung fortsetzen kann.
Beispiel 2:
Comme l'a affirmé le président de la République à Johannesburg, il y a un an, l'urgence est désormais à l'action. (5:27 – 5:36)
Zwei der sieben Probanden dolmetschen an dieser Stelle, unter Berücksichtigung des Kontexts und durch Zugriff auf ihr Allgemeinwissen, *le président de la République* mit *der Staatspräsident*:
Der Staatspräsident hat es vor einem Jahr in Johannesburg betont. Wir müssen nun handeln. (Proband 6)
So hat es der Staatspräsident in Johannesburg auch gesagt, vor einem Jahr. Wir müssen nun handeln. (Proband 7)
Ein anderer Proband fügt durch Zugriff auf sein Allgemeinwissen den *Gipfel für nachhaltige Entwicklung* ein, um den Rezipienten den Zusammenhang zwischen Johannesburg und dem Thema Umwelt möglichst deutlich zu machen:
Auf dem Gipfel für nachhaltige Entwicklung in Johannesburg wurde klar gemacht, dass wir jetzt handeln müssen. (Proband 3)
Während diese Erklärung bei gemischter Zuhörerschaft sicherlich sinnvoll ist, wäre sie hier, bei einem Seminar der Umweltbeauftragten, nicht notwendig gewesen. Vor allem weil sie auf Kosten anderer Informationen eingefügt wird, da der Proband nach der Erklärung das Subjekt *le président de la République* vergessen hat und es zu einer Auslassung dieses Textsegments sowie des Zeitpunkts *il y a un an* kommt. Möglich ist jedoch auch, dass der Proband aufgrund seines relativ großen Décalage und mangelnder Kapazität für Ausgangstextaufnahme und Analyse den Satzanfang *comme l'a affirmé le président de la République* nicht gehört hat und seine Erklärung daraufhin durch Inferenzieren eingefügt.

4.2.5 Zahlen

Zahlen stellen beim Dolmetschen generell und ganz besonders beim Dolmetschen aus dem Französischen häufig eine Schwierigkeit dar. Gründe hierfür sind ihre hohe Unvorhersagbarkeit und geringe Redundanz, aufgrund derer sie zum einen durch *bottom-up*-Prozesse erkannt werden müssen und zum anderen schnell wieder vergessen werden. Deshalb sind Zahlen bei mangelnder Kapazität häufig eine Fehlerquelle.
Im Folgenden soll untersucht werden, welche Strategien Dolmetscher, die sich dessen bewusst sind, im Falle von Zahlen anwenden.
Beispiel 1:
Si les modes de production et de consommation actuels persistent, l'augmentation de température devrait être comprise entre 1,5 et 6 degrés d'ici la fin du siècle, avec de sévères conséquences : deux personnes sur trois risquent de connaître en 2025 des difficultés d'alimentation en eau.
(4:27 – 4:59)
Der, wenn der aktuelle Verbrauch weiterhin bestehen bleibt, dann wird die Temperatur zwischen 1,5 und 6/7 Grad betragen bis zum Ende des Jahrhundert. Und dies hat sehr schlimme Folgen. Zwei Drittel der Menschen werden dann, im Jahre 2025, Ernährungsschwierigkeiten haben, was die Wasserversorgung betrifft. (Proband 1)
(.....) Der Temperaturanstieg beträgt 1,5 bis 6 Grad. Dies wird sich bis zum Ende des Jahr, dieses Jahrhunderts fortsetzen und dies wird schwerwiegende Konsequenzen haben. Zwei von drei Menschen werden im Jahre 2025 Schwierigkeiten haben beim Zugang zu Trinkwasser. (Proband 2)
(.....) Dies gilt auch für den stetigen Temperaturanstieg, der circa 1,5 bis 6 Grad bis zum Ende dieses Jahrhunderts beträgt. Dies hat sehr weit reichende Folgen. Zwei Drittel aller Menschen werden bis zum Jahr 2025 Probleme haben, Zugang zu Trinkwasser zu haben. (Proband 3)
Wenn wir so weiter leben und konsumieren wie bisher, dann wird die Temperatur zwischen 1,5 und 6 Grad steigen bis zum Ende des Jahrhunderts und das wird ernsthafte Folgen haben. Zwei Drittel der Menschheit wird dann 2025 Ernährungsprobleme haben. (Proband 4)
Wenn unsere derzeitiges Konsumverhalten und Produktionsverhalten andauern, dann wird die, der Temperaturanstieg zwischen 1,5 und 6 Grad bis zum Ende des Jahrhunderts betragen. Dies wird schwerwiegende Folgen haben. Zwei Drittel aller Menschen werden 2025 schwierig auf, Schwierigkeiten bei der Trinkwasserversorgung haben. (Proband 5)
Wenn die Produktionsmethoden und die Arten der, äh, Konsumierung unverändert bleiben, so wird der Temperaturanstieg zwischen 1,5 und 7 Grad

betragen bis zum Ende unseres Jahrhunderts. Dies hat sehr schwerwiegende Folgen. Zwei von drei Menschen werden bis ins Jahr 2025 Ernährungs, äm, Wasserversorgungsprobleme bekommen. (Proband 6)
... und, äh, falls unsere, (...) unser Verhalten gegenüber den Rohstoffen sich nicht ändert, so wird sich auch eine, ein Temperaturwechsel zutragen mit, in Höhe von 1,6 bis 2 Grad. Dies wird, äh, zu vielen Schwierigkeiten führen, bis, äh, in den kommenden Jahren: vor allem die Wasserverknappung wird davon betroffen sein. (Proband 7)
Sobald er eine Zahl hört, konzentriert der Dolmetscher sich auf diese, indem er besonders viel Kapazität für die Ausgangstextaufnahme aufbietet. Im Bewusstsein der Tatsache, dass Zahlen schnell wieder vergessen werden, verkürzt er gleichzeitig durch ein schnelleres Sprechtempo sein Décalage und/oder segmentiert, um die Zahl daraufhin frühestmöglich zu dolmetschen. So gelingt es vier der sieben Probanden (2, 3, 4 und 5), die Höhe des Temperaturanstiegs (*entre 1,5 et 6 degrés*) richtig zu dolmetschen. Auch die Abweichungen von Proband 1, der seine eigentlich richtige Verdolmetschung der Zahl *6* noch auf *7* korrigiert sowie von Proband 6, der direkt *7* dolmetscht, sind in diesem Fall nicht sinnentstellend und noch akzeptabel. Proband 7 hingegen weicht mit seiner Verdolmetschung von *1,6 bis 2 Grad* zu weit von der vom Redner genannten Spanne ab. Er setzt die soeben beschriebenen Strategien nicht ein und behält sein großes Décalage bei, woraufhin er durch eine Interferenz *1,6* dolmetscht und anschließend *2* inferenziert. Da Inferenzieren bei unbekannten Zahlen jedoch nicht möglich ist, führt dies zu einer falschen Verdolmetschung.
Bietet der Dolmetscher bei einer Zahl ein höheres Maß an Aufmerksamkeit als gewöhnlich für die Ausgangstextaufnahme auf, läuft er jedoch auch Gefahr, die dafür vorgesehene Verarbeitungskapazität zu überlasten. Ist dies der Fall, steht ihm weniger Kapazität für die Speicherung im Kurzzeitgedächtnis sowie für die Zieltextproduktion und das Monitoring anderer Textsegmente zur Verfügung. Das kommt in den Verdolmetschungen der Probanden zum Tragen, die in diesem Textabschnitt verhältnismäßig viele syntaktische, semantische und stilistische Mängel sowie Auslassungen und Fehler aufweisen. Proband 1 beansprucht beispielsweise so viel Kapazität für die Zahlen, dass er *l'augmentation de température devrait être comprise entre 1,5 et 6 degrés* mit *dann wird die Temperatur zwischen 1,5 und 6/7 Grad betragen* und somit an Stelle von Temperaturanstieg *Temperatur* dolmetscht. Er hat daraufhin jedoch nicht mehr genug Kapazität zur Verfügung, um diesen Fehler durch Monitoring erkennen und beheben zu können.

Besonders auffällig ist in diesem Zusammenhang, dass durch das möglichst frühe Einbringen der Zahlen und das geringe Décalage alle sieben Probanden entsprechend der französischen Syntax zuerst das Textsegment *l'augmentation de température devrait être comprise entre 1,5 et 6 degrés* und dann das Textsegment *d'ici la fin du siècle* dolmetschen. Letzteres müsste, unter Berücksichtigung der deutschen Syntax und mit Hilfe der Strategie des Segmentierens, eigentlich vorgezogen werden. Da weitere Zahlen folgen, behalten die meisten Probanden ihr geringes Décalage bei, was ein Grund dafür sein könnte, dass Proband 6 *deux personnes sur trois* mit *zwei von drei Menschen* transkodiert und bei *des difficultés d'alimentation en eau* Proband 1 *Ernährungsschwierigkeiten, was die Wasserversorgung anbetrifft*, Proband 4 *Ernährungsprobleme* und Proband 6 *Ernährungs, äm, Wasserversorgungsprobleme* dolmetschen.

Die weiteren in diesem Satz genannten Zahlen werden von den meisten Probanden, unter Einsatz der oben beschriebenen Strategien, erfolgreich gedolmetscht: *deux sur trois* von vier Probanden mit *zwei Drittel* (1, 3, 4 und 5), von zwei mit *zwei von drei* (2, 6) und von einem gar nicht (7) sowie *2025* von sechs richtig und wiederum von Proband 7 gar nicht.

Beispiel 2:

Les menaces pesant sur notre planète donnent lieu depuis une dizaine d'années à une accélération de la mobilisation internationale. (2:50 – 3:02)

Ihrem Vorgehen im ersten Beispiel entsprechend, konzentrieren die Probanden sich an dieser Stelle auf das Numerale[10] *une dizaine* und sechs der sieben Probanden dolmetschen das Textsegment *depuis une dizaine d'années* so bald sie es hören, indem sie segmentieren:

Die Bedrohungen, die es für uns gibt, seit einigen Jahrzehnten, sorgen für eine Beschleunigung der internationalen Mobilisierung. (Proband 1)

Die Bedrohungen für unseren Planeten gibt es schon seit Jahrzehnten und sie führen zu immer mehr internationalem Engagement und Mobilität. (Proband 2)

Die Bedrohungen, denen unsere Welt gegenübersteht, und zwar schon seit mehreren Jahrzehnten, bedeutet, dass wir international zusammenarbeiten müssen. (Proband 3)

Die Bedrohungen für unsere Welt, die uns seit ungefähr zehn Jahren beschäftigen, verlangen eine Zusammenarbeit auf internationaler Ebene. (Proband 4)

---

[10] Zahlwort (vgl. Duden „Das Fremdwörterbuch")

Die Bedrohungen für unsere Welt sind seit mehr als, seit mehreren Jahr, seit mehr als zehn Jahren Anlass für internationale Zusammenarbeit. (Proband 5)
Die Bedrohungen, die, äm, auf unserer Erde lasten, bestehen nun seit einigen Jahrzehnten und es hat zu einer Beschleunigung der internationalen Mobilisierung geführt. (Proband 6)
Die Bedrohungen, die Gefahren für unseren Planeten, die seit über zehn Jahren sichtbar sind, haben dazu geführt, dass, äh, äm, unsere internationale Mobilität nun gefragt ist. (Proband 7)
Durch das Segmentieren zur Verdolmetschung von *depuis une dizaine d'années* zum frühestmöglichen Zeitpunkt und durch die mangelnde Kapazität für die Speicherung im Kurzzeitgedächtnis sowie für die Zieltextproduktion und das Monitoring, nehmen die meisten Probanden nicht nur eine von Einschüben geprägte Syntax in Kauf, sondern stellen auch einen falschen Bezug her. So beziehen alle Probanden, mit Ausnahme von Proband 5, *depuis une dizaine d'années* auf den Satzanfang *les menaces pesant sur notre planète*.
Dass die meisten Probanden hier besonders viel Kapazität für die Ausgangstextaufnahme und in diesem Fall wahrscheinlich insbesondere für die Analyse aufbringen müssen, rührt vermutlich auch von einem sprachlichen Problem her. Sechs der sieben Probanden scheinen die genaue Bedeutung von *une dizaine* nicht zu kennen, da nur Proband 4 mit *seit ungefähr zehn Jahren* eine richtige Verdolmetschung produziert. Während auch die beiden Lösungen *seit mehr als zehn Jahren* (Proband 5) und *seit über zehn Jahren* (Proband 7) noch annähernd richtig sind, weichen *seit einigen Jahrzehnten* (1 und 6), *seit Jahrzehnten* (2) sowie *seit mehreren Jahrzehnten* (3) zu weit von der vom Redner genannten Zeit ab.

4.2.6 Eigennamen

Neben Zahlen stellen auch Eigennamen häufig eine Schwierigkeit und Fehlerquelle im Dolmetschprozess dar. Denn auch diese müssen aufgrund ihrer hohen Unvorhersagbarkeit und geringen Redundanz durch *bottom-up*-Prozesse erkannt sowie teilweise phonemisch nachvollzogen werden. Aus diesem Grund nehmen sie zum einen besonders viel Aufmerksamkeit und Verarbeitungskapazität in Anspruch und werden zum anderen schnell wieder vergessen. Dies erfordert vonseiten der Dolmetscher ein angepasstes strategisches Vorgehen, das im Folgenden genauer untersucht werden soll.

Beispiel 1:
Im ersten Beispiel soll das strategische Verhalten der Dolmetscher im Falle von Personennamen im Ausgangstext analysiert werden.

Permettez-moi d'abord de vous souhaiter la bienvenue, et d'exprimer ma satisfaction d'ouvrir en compagnie de Roselyne Bachelot-Narquin ce séminaire des correspondants environnement. Je salue la présence parmi nous de Monsieur Julius Georg Luy, ambassadeur chargé de l'Environnement au sein du ministère des affaires étrangères allemand, au côté de son homologue français, qui témoigne de l'excellente coopération qui existe entre nos deux pays sur le sujet, ainsi que le représentant de l'ambassade du Royaume-Uni à Paris, Monsieur Hugh Elliott, conseiller pour les affaires globales. (0:00-0:54)

Da die Verdolmetschungen des Großteils dieses Textausschnittes bereits unter 4.2.3 aufgeführt sind sowie im Anhang nachgeschlagen werden können sollen an dieser Stelle, angesichts des großen Umfangs, die einzelnen Verdolmetschungen nicht aufgelistet werden.

Generell ist bei Eigennamen das gleiche strategische Vorgehen wie bei Zahlen zu beobachten: Der Dolmetscher konzentriert sich auf den Namen und verkürzt gleichzeitig sein Décalage und/oder segmentiert, um ihn frühestmöglich zu dolmetschen. Dieses Vorgehen ist umso erfolgreicher, je deutlicher aus dem Ausgangstext hervorgeht, dass ein Name folgen wird. So wird der Dolmetscher sich dessen im vorliegenden Beispiel bei *en compagnie de Roselyne Bachelot-Narquin* erst kurz vor der Nennung des Namens bewusst, während er sich bei *je salue la présence parmi nous de Monsieur Julius Georg Luy* und *ainsi que le représentant de l'ambassade du Royaume-Uni à Paris, Monsieur Hugh Elliott* durch die zuvor genannten Namen sowie die längeren Ankündigungen im Text bereits früher darauf einstellen kann. Dementsprechend wird *Hugh Elliott* von fünf Probanden richtig wiedergegeben (1, 2, 3, 4, 6) und von zwei Probanden ausgelassen (5, 7) sowie *Julius Georg Luy* von vier Probanden vollständig gedolmetscht (2, 4, 5, 6), während zwei Probanden (1, 3) *Julius* und einer (7) den gesamten Namen tilgen. Keinem der sieben Probanden gelingt es hingegen, *Roselyne Bachelot-Narquin* richtig wiederzugeben, was zum einen allgemein auf die an dieser Stelle unerwartete Nennung eines Namens und zum anderen speziell auf den langen und komplizierten Namen zurückgeführt werden kann. Drei Probanden versuchen, den gesamten Namen wiederzugeben, wobei sie einzelne Phoneme falsch dolmetschen: *Roselyne Bachelot-Raquin* (4), *Roselyne Bachelot-Marquin* (5) und *Roselyne Barchelot-Marquin* (6). Dass diese Fehler vor allem im letzten Teil des Namens auftreten verdeutlicht, dass ein Dolmetscher einen ihm unbekannten Namen zwar in gewissem Maße phonemisch nachvollziehen kann, das jedoch umso schwieriger wird, je länger dieser ist. Während zwei Probanden (2 und 7) den gesamten Namen auslassen, besteht die Strategie der Probanden 3 und 1 darin, sich auf einen Teil dieses langen und komplizierten Namens zu konzentrieren, um diesen fehlerfrei wiedergeben zu können. Jedoch kommt es auch bei ihnen neben der Tilgung zu Verdolmetschungen mit einem falschen bzw. fehlenden Phonem: *Joseline Bachelot* bzw. *Herrn Naquin* und bei letzterem außerdem zur Wiedergabe des Namens einer Frau mit *Herrn*. Ihre Strategie erweist sich somit in diesem Fall nicht als erfolgreich, was ein Hinweis darauf ist, dass das phonemische Nachvollziehen unbekannter und komplizierter Namen generell eine Fehlerquelle darstellt.

Durch die Strategie des Segmentierens gelingt es den meisten Probanden, die anderen Segmente zu Beginn dieses Textabschnitts angemessen zu dolmetschen. Am Ende, wenn in *le représentant de l'ambassade du Royaume-Uni à Paris, Monsieur Hugh Elliott, conseiller pour les affaires globales* zahlreiche Informationen aufeinander folgen, wird jedoch deutlich, dass die Probanden sich insbesondere auf den Namen *Hugh Elliott* konzentrieren, der von fünf der sieben Probanden richtig wiedergegeben wird. Sie beanspruchen dabei so viel Aufmerksamkeit und Kapazität für dessen Aufnahme und Wiedergabe, dass dementsprechend weniger für die anderen Textsegmente zur Verfügung steht, wodurch es zu kleineren Auslassungen sowie zu syntaktischen, semantischen und stilistischen Mängeln kommt.

Beispiel 2:
Im zweiten Beispiel soll das strategische Verhalten der Dolmetscher im Falle von geographischen Namen, die zu Symbolen für Katastrophen geworden sind, analysiert werden.

Depuis la fin des années soixante-dix, et du fait notamment d'une série de catastrophes hélas bien connues, de Seveso à Three Mile Island, de Bhopal à Tchernobyl, nous avons connu l'émergence d'une prise de conscience planétaire des menaces qui pèsent sur l'avenir de notre monde. (5:00 – 5:26)

Und bis zum Jahre 2010, als Folge von leider sehr bekannten Katastrophen, (...) von Bophal in Tschernobyl, haben wir (...) erkannt, dass man die Bedrohungen auf der ganzen Welt bewusster wahrnimmt, die uns entgegenstehen. (Proband 1)

Seit dem Ende der siebziger Jahre (..) und durch viele leider bekannte Katastrophen (...) auf der ganzen Welt, haben wir (...) eine Bewusst, ein Bewusstsein entweckelt, entwickelt für unseren Planeten und für unsere Zukunft. (Proband 2)

Seit dem Ende der siebziger Jahre und auch aufgrund uns allen bekannter Katastrophen, (...) wie zum Beispiel Tschernobyl, (...) ist es dazu gekommen, dass ein weltweites Bewusstsein über die Bedrohungen entstanden ist, denen sich unsere Welt gegenübersieht. (Proband 3)
Bis 2070, (..) Entschuldigung, 1970 gab es, erinnern wir uns an Seveso, Tschernobyl, Bhopal. Seitdem steigt weltweit das Bewusstsein für die Bedrohungen, die, denen wir gegenüberstehen. (Proband 4)
Seit Ende der siebziger Jahre (...) gab es leider einige große Katastrophen, wie zum Beispiel Bhopal und Tschernobyl, (...) aber seitdem haben wir gesehen, dass weltweit ein Bewusstsein entstanden ist für die Bedrohungen, die unsere Zukunft belasten. (Proband 5)
Bis in die siebziger Jahre wird es sehr viele Katastrophen geben. In den siebzi, äh, seit den siebziger Jahren gab es sehr viele Katastrophen, wie beispielsweise in Tschernobyl. Und dies hat dazu geführt, dass sich die ganze Welt über die Bedrohungen bewusst werden musste, die, äm, die Zukunft unserer Welt belasten. (Proband 6)
Die, (..), der Anstieg von Katastrophen hat von Tscherno, unter anderem in Tschernobyl (..) dazu geführt, dass wir ein, unser Bewusstsein gestärkt haben auf weltweiter Ebene. Denn die Gefahren belasten unsere eine Welt. (Proband 7)
Von den vier im Ausgangstext genannten geographischen Namen, die für Katastrophen stehen, wird Tschernobyl von sechs (1, 3, 4, 5, 6 und 7), Bhopal von drei (1, 4 und 5), Seveso von einem (4) und Three Mile Island von keinem Probanden angeführt. Obwohl bei Aufzählungen einzelner Beispiele die Auslassung des ein oder anderen Elementes nicht gravierend und legitim ist, sind diese durchschnittlich 1,4 Nennungen pro Proband bei 4 Nennungen im Ausgangstext auffallend wenig und können nicht allgemein auf ein relativ großes Décalage zurückgeführt werden. Bei der Suche nach einer Erklärung hierfür fällt auf, dass die Probanden vor allem *Tchernobyl* und *Bhopal* anführen, wo es erst in den achtziger Jahren zu den Katastrophen kam, auf die hier Bezug genommen wird. *Seveso* und *Three Mile Island* hingegen, wo die angesprochenen Katastrophen auf die siebziger Jahre zurückgehen, werden nur einmal bzw. gar nicht genannt. Diese Feststellung legt die Vermutung nahe, dass die Auslassung letzterer nicht darauf zurückzuführen ist, dass die Probanden sie nicht bewusst gehört haben, sondern vielmehr darauf, dass sie diesen Ort und diese Insel aufgrund mangelnden Wissens nicht mit bekannten Katastrophen in Verbindung bringen konnten bzw. gar nicht kennen. In einem solchen Fall versuchen die Probanden in einer Aufzählung offensichtlich nicht, die ihnen unbekannten geographischen Namen bzw. Katastrophen phonemisch nachzuvollziehen,

sondern entscheiden sich mehrheitlich dafür, diese zu tilgen. Vermutlich liegt diesem Verhalten ein strategisches Vorgehen zugrunde, mit dem der Dolmetscher sich davor schützen möchte, dass im Falle einer falschen Aussprache oder Betonung, wozu es beim rein phonemischen Nachsprechen kommen könnte, sein Wissen und dadurch seine Kompetenz in Frage gestellt wird.

Beispiel 3:

Im dritten Beispiel sollen diese Vermutungen anhand einer Analyse des strategischen Verhaltens im Falle von Eigennamen von Öltankern, die zu Symbolen für Umweltkatastrophen geworden sind, überprüft werden.

Les catastrophes écologiques répétées provoquées par les naufrages de pétroliers devant nos côtes (Amoco Cadiz, Erika) ont fait prendre conscience de la nécessité d'une stricte réglementation en matière de sécurité maritime. (8:09 – 8:29)

Die ökologischen Katastrophen, die immer wieder passieren, durch Öltanker, wie zum Beispiel Erika, (...) zeigen uns, dass wir eine strikte Regelung brauchen zur Absicherung der Meeresgebiete. (Proband 1)

Umweltkatastrophen, die sich in der Vergangenheit wiederholt haben, zum Beispiel beim Untergang von Ölfrachtern, zum Beispiel dem Ölfrachter Erika, haben dazu beigetragen, dass uns bewusst geworden ist, wie wichtig internationale Regelungen zum Schutze der Meere sind. (Proband 2)

Zunehmende ökologische Katastrophen, wie zum Beispiel das Sinken von Öltankern vor der Küste Frankreichs, haben dazu geführt, dass wir uns darüber bewusst geworden sind, dass wir eine noch strengere Reglementierung für die Sicherheit auf Meereswegen brauchen. (Proband 3)

Wenn Öltanker vor unseren Küsten sinken wird uns bewusst, dass wir eine strenge Regelung im maritimen Bereich benötigen. (Proband 4)

Immer neue Umweltkatastrophen, durch den Sinken von Mung, von Öltankern, wie zum Beispiel Erika, haben uns erkennen lassen, dass wir eine strenge Regulierung brauchen in der Frage der Sicherheit auf den Meeren. (Proband 5)

Die, äm, ständig sich wiederholenden ökologischen Katastrophen, wie beispielsweise, äm, nach den Schiffskatastrophen vor unseren Küsten, hat uns gezeigt, wie notwendig es ist, hier etwas zu tun für die Sicherheit unserer Meere. (Proband 6)

Die ökologischen Katastrophen, die sich wiederholt haben, die aufgrund von Tankern passiert sind, Erika zum Beispiel, haben uns sensibilisiert, dass wir ein Regelwerk erstellen müssen, um, äh, den Seeverkehr zu regeln und die Seesicherheit zu regeln. (Proband 7)

An dieser Stelle wird von den zwei im Ausgangstext genannten Öltankern, die für Umweltkatastrophen stehen, *Erika* von vier Probanden (1, 2, 5 und 7) angeführt, während *Amoco Cadiz* von keinem der sieben Probanden genannt wird. Auch bei diesem Beispiel können die Auslassungen weder hauptsächlich auf ein relativ großes Décalage einiger Probanden und somit darauf zurückgeführt werden, dass diese die entsprechenden Namen nicht bewusst gehört haben, noch hauptsächlich darauf, dass *Erika* leichter phonemisch nachzuvollziehen ist als *Amoco Cadiz*. Denn auch hier fällt auf, dass *Erika* erst 1999 und *Amoco Cadiz* bereits 1978 gesunken ist, weshalb die von *Erika* verursachte Ölpest den meisten Probanden bekannter sein dürfte als die von *Amoco Cadiz*, von der einige vielleicht sogar nie gehört haben. Somit könnte der Grund für die Auslassungen, wie im ersten Beispiel, mangelndes Wissen sein und das strategische Vorgehen der meisten Probanden erneut darin bestehen, die ihnen unbekannten Öltanker bzw. Umweltkatastrophen nicht phonemisch nachzuvollziehen, sondern zur Wahrung ihrer eigenen Glaubwürdigkeit vorbeugend zu tilgen. Dieses Ergebnis bestätigt die Vermutungen, die bei der Auswertung des zweiten Beispiels geäußert wurden.

5 Kritik am Modell zum Simultandolmetschen von Barbara Moser

Inwiefern haben die vier verstehensstützenden und in der vorliegenden Arbeit untersuchten Strategien Antizipation, Inferenzieren, Segmentierung und Wissensaktivierung Eingang in Barbara Moser-Mercers Modell zum Simultandolmetschen gefunden?
Bei der Auseinandersetzung mit dieser Frage fällt besonders auf, dass der Aspekt der Antizipation in Barbara Moser-Mercers Modell nicht ganz plausibel erscheint. Die Frage, ob Antizipation möglich ist (*prediction possible?*), taucht in ihrem Flussdiagramm erst sehr spät auf, nachdem bereits eine vorläufige „Verdolmetschung im Kopf" (*paraphrase*) erstellt wurde. An dieser Stelle des Dolmetschprozesses erscheint Antizipieren jedoch nicht mehr hilfreich bzw. nicht mehr möglich. Alle relevanten Informationen zur Verdolmetschung der jeweiligen Einheit wurden bereits gehört und verarbeitet. Das eigentliche Ziel des Antizipierens, den Verstehensprozess des Originals zu „überspringen" und dadurch Verarbeitungs- und Aufmerksamkeitskapazität für andere Operationen zu gewinnen sowie die Gedächtniskapazität generell zu entlasten, kann zu diesem Zeitpunkt somit nicht mehr erreicht werden.
Sinnvoller wäre es, die Frage, ob Antizipation möglich ist (*prediction possible?*), bereits früher im Dolmetschprozess zu stellen, z.B. dann, wenn ein Wort (*word??*), eine Sequenz einzelner erkannter Wörter (*string of processed words*), eine sinnvolle Satzeinheit (*meaningful phrase unit??*) oder ein Satzteil (*recoded phrase: available for use in further sentence processing*) zur Verfügung steht. Antizipation könnte aber auch während des gesamten Verstehensprozesses als Alternative vorhanden sein, auf die zurückgegriffen wird, sobald dies dem Dolmetscher notwendig und möglich erscheint.
Der Aspekt des Inferenzierens wird in Barbara Moser-Mercers Modell zwar nicht ausdrücklich genannt, jedoch im Rahmen der als Rauten dargestellten Entscheidungspunkte symbolisiert. Tritt beim Dolmetscher eine Wahrnehmungs- oder Wissenslücke auf, muss er die am Entscheidungspunkt „Wort??" (*word??*), „sinnvolle Satzeinheit??" (*meaningful phrase unit??*), „Konzept gefunden??" (*conceptual base found??*) oder „Bedeutung verstanden??" (*meaning understood??*) gestellte Frage mit „Nein" beantworten und kann den Prozess nicht chronologisch fortsetzen. In diesem Fall muss er einen erneuten Versuch unternehmen, wobei der zuletzt zurückgelegte Abschnitt des Prozesses neu begonnen und durchlaufen wird. Nachfolgende Informationen, Kontextinformationen, Logik, Kohärenz und Redundanz der Rede sowie Allgemeinwissen werden daraufhin genutzt, um

durch die Strategie des Inferenzierens die nächste Verarbeitungsebene zu erreichen.
Eine wichtige Rolle spielt der Aspekt der Segmentierung in Barbara Moser-Mercers Modell, in dem sie in Form eines Flussdiagramms die einzelnen Schritte der Informationsverarbeitung beim Simultandolmetschen beschreibt. Hierbei segmentiert sie jedoch bereits von Beginn an, wenn über das Erstellen einer Sequenz kleiner Einheiten (*string of perceptual units*), das Erkennen eines Wortes (*word*) und das Erstellen einer Sequenz einzelner erkannter Wörter (*string of processed words*) eine Sinneinheit bzw. sinnvolle Satzeinheit (*meaningful phrase unit*) und schließlich ein Satzteil (*recoded phrase*) gebildet wird, woraufhin mit der „Verdolmetschung im Kopf" (*paraphrase*) begonnen werden kann. Einige Segmente des Ausgangstextes, wie beispielsweise Syntagmen und idiomatische Ausdrücke, nimmt der Dolmetscher jedoch nicht mehr als Aneinanderreihung einzelner Wörter, sondern direkt als Sinneinheit wahr, deren zielsprachliche Entsprechung er verinnerlicht hat und sie somit direkt als funktionale Einheit dolmetschen kann. Dies führt zum angestrebten Ziel der Funktionsadäquatheit und spart Aufmerksamkeits- sowie Verarbeitungskapazität.
Durch die Struktur ihres Modells macht Moser-Mercer zwar deutlich, dass der Dolmetscher den Ausgangstext stets verstehen und Sinneinheiten verarbeiten soll. Jedoch kann dieser, wenn die Kapazität des Kurzzeitgedächtnisses ausgeschöpft ist und er es deshalb entlasten muss, nicht immer warten, bis ihm eine vollständige Sinneinheit bzw. sinnvolle Satzeinheit (*meaningful phrase unit*) oder gar ein Satzteil (*recoded phrase*) vorliegt, sondern muss sich oftmals schon mit kleineren Segmenten begnügen und diese weiter verarbeiten und dolmetschen. Dabei sind die jeweiligen Dolmetscheinheiten und die einzelnen Phasen ihrer Verarbeitung bis hin zur Zieltextproduktion nicht immer so klar voneinander zu trennen, wie anhand der linearen Struktur des Modells angenommen werden könnte. So kommt es oftmals zu Überlappungen und gewisse Einheiten werden vorgezogen, während wiederum andere aufgeschoben werden.
Barbara Moser-Mercer misst in ihrem Modell auch dem Aspekt der Wissensaktivierung große Bedeutung bei. Dies wird schon auf den ersten Blick deutlich, da das Langzeitgedächtnis (*long term memory*), das in diesem Modell eine wichtige Rolle spielt, separat rechts neben, aber in Verbindung mit dem Prozess der Informationsverarbeitung dargestellt ist. In diesem sind neben Klangmustern (*acoustic features*), phonologischen Regeln der Ausgangs- und der Zielsprache (*phonological rules source/target language*), syntaktischen und semantischen Kontextinformationen der Ausgangs- und der Zielsprache (*syntactic and semantic context information source/*

target language), Kontextwissen (*contextual knowledge*) und Allgemeinwissen (*general knowledge*) gespeichert. Dazu kommt ein aus Konzepten (*concepts*) und Verknüpfungen (*relations*) bestehendes Netz(werk) (*conceptual network*), in welchem das semantische Wissen sprachenunabhängig gespeichert wird. Dieser Aspekt wurde von Barbara Moser-Mercer ausführlich erläutert und bereits unter 2.2.4.1 näher betrachtet. Während des gesamten Dolmetschprozesses wird stets, insbesondere aber an den durch Pfeile hervorgehobenen Stellen, auf diese im Langzeitgedächtnis gespeicherten Informationen zurückgegriffen. Dadurch besteht parallel zu den einzelnen Schritten der Informationsverarbeitung im akustischen Gedächtnis (*preperceptual auditory storage*), Ultrakurzzeitgedächtnis (*synthesized auditory memory*) und Kurzzeitgedächtnis (*generated abstract memory*) eine ständige Interaktion mit dem Langzeitgedächtnis. Ein Beispiel hierfür ist die Aktivierung des dort gespeicherten Allgemein- und Kontextwissens im Laufe des Verstehensprozesses. Denn tritt beim Dolmetscher beispielsweise an den als Rauten dargestellten Entscheidungspunkten eine Wahrnehmungs- oder Wissenslücke auf, muss er die am Entscheidungspunkt „Wort??" (*word??*), „sinnvolle Satzeinheit??" (*meaningful phrase unit??*), „Konzept gefunden??" (*conceptual base found??*) oder „Bedeutung verstanden??" (*meaning understood??*) gestellte Frage verneinen und kann das betreffende Element nicht für die weitere Verarbeitung verfügbar machen. In diesem Fall muss es an die vorherige strukturelle Komponente zurückgeleitet werden, woraufhin der Dolmetscher nachfolgende Informationen nutzt und sein Kontext- und Allgemeinwissen aktiviert, so dass er die Frage schließlich bejahen und die nächste Verarbeitungsebene erreichen kann. Das im Langzeitgedächtnis gespeicherte Kontext- und Allgemeinwissen müsste in Barbara Moser-Mercers Modell dabei um Fach- sowie Theorie- und Methodenwissen ergänzt werden, da der Dolmetscher idealer Weise auf all diese Wissensbereiche zurückgreifen kann. Das Zusammenspiel der verschiedenen Wissensbereiche trägt schließlich zum schnellstmöglichen Erfassen des Sinns bei und erleichtert somit den Verarbeitungsprozess.

Nach der Phase der Konzeptualisierung des Ausgangstextes sind in Barbara Moser-Mercers Modell deutlich die Phasen der Formulierung zur Erstellung einer „Verdolmetschung im Kopf" (*paraphrase*) und der Artikulierung (*target language-output*) zu erkennen. Dabei besteht zwischen den einzelnen Verarbeitungsschritten und dem rechts dargestellten Langzeitgedächtnis bis zum Schluss eine ständige Interaktion. Bei der Zieltextproduktion werden so beispielsweise die dort gespeicherten syntaktischen und semantischen Kontextinformationen der Zielsprache (*syntactic and semantic contextual information target language*) und phonologischen Regeln der

Zielsprache (*phonological rules target language*) angemessen berücksichtigt. Der Schwerpunkt des Modells liegt jedoch auf der Informationsverarbeitung, der Konzeptualisierung sowie dem Verständnis des Ausgangstextes, während die Phase der Zieltextproduktion verhältnismäßig schnell abgehandelt wird. Kaum Erwähnung finden so beispielsweise Schwierigkeiten, auf die der Dolmetscher im Verlauf der Zieltextproduktion stoßen kann, und infolgedessen auch keine entsprechenden Lösungsmöglichkeiten, Präventiv-, Not- und Reparaturstrategien. Ausnahmen bilden die beiden als Rauten dargestellten Entscheidungspunkte, bei welchen die Möglichkeit besteht, dass die Fragen „Aktivierung vollständig??" (*activation complete??*) und „Verdolmetschung im Kopf richtig?" (*paraphrase correct?*) mit „nein" beantwortet werden.

Wird dementsprechend im ersten Fall bei der Aktivierung der Verknüpfungen zwischen den *secondary* und *primary nodes* der Zielsprache, die im aus Konzepten bestehenden Netz(werk) gespeichert sind (*activation of target language-elements residing at the nodes of the conceptual network*), das gesuchte Wort in der Zielsprache nicht gefunden und die auf „Aktivierung vollständig??" (*activation complete??*) folgende Frage „nochmals versuchen?" (*try again?*) verneint, wird die Verarbeitung des betreffenden Elements vom Dolmetscher aufgegeben (*discard STOP*). Das bedeutet, dass an dieser Stelle die oben erörterten Strategien der Begriffserklärung, Generalisierung und Paraphrase keine Berücksichtigung finden. Wird jedoch das gesuchte Wort in der Zielsprache gefunden, wird über die syntaktische und semantische Verarbeitung der Wörter (*syntactic and semantic word processing*) und die syntaktische und semantische Verarbeitung der Sequenzen einzelner erkannter Wörter (*syntactic and semantic word string processing*) die „Verdolmetschung im Kopf" (*paraphrase*) erstellt. Allerdings bildet der Dolmetscher dabei in der Regel keine Aneinanderreihung einzelner Wörter, sondern, wie am Beispiel von Syntagmen und idiomatischen Ausdrücken besonders deutlich wird, Sinneinheiten, die er so verinnerlicht hat, dass er sie direkt als funktionale Einheiten dolmetschen kann, wodurch er Aufmerksamkeits- und Verarbeitungskapazitäten spart.

Muss der Dolmetscher im zweiten oben genannten Fall die Frage „Verdolmetschung im Kopf richtig"? (*paraphrase correct?*) mit „nein" beantworten, so dass er den Prozess nicht chronologisch fortsetzen kann, sondern einen erneuten Versuch unternehmen muss, wird der gesamte Abschnitt ab „Bedeutung verstanden??" (*meaning understood??*) neu begonnen und durchlaufen. Somit besteht weder die Möglichkeit, bei an die Zielsprache gebundenen Problemen einen erneuten Versuch ab einem späteren Zeit-

punkt zu unternehmen, noch bei erschöpfter Verarbeitungskapazität, Zeitdruck etc. das betreffende Segment direkt aufzugeben.
Ein weiterer sehr wichtiger Aspekt, der in Barbara Moser-Mercers Modell nur unzulänglich enthalten ist, ist Monitoring. Dieses erfolgt bei Barbara Moser-Mercer an jedem Entscheidungspunkt, müsste jedoch, da es den Dolmetschprozess die ganze Zeit über begleitet und beeinflusst, als eigenständige Komponente ins Modell integriert und könnte beispielsweise parallel zum Dolmetschprozess dargestellt werden. Somit könnten, unter der Voraussetzung, dass dem Dolmetscher die dafür notwendigen Kapazitäten zur Verfügung stehen, Informationen jederzeit an vorangegangene Verarbeitungsebenen zurückgeleitet werden und wäre eine fortlaufende Kontrolle von Ausgangstextaufnahme, Informationsverarbeitung und Zieltextproduktion gewährleistet. Diese fortlaufende Kontrolle erfordert ein bewusstes Agieren des Dolmetschers und sollte spätestens ab der Suche nach den jeweils entsprechenden Konzepten (*search for conceptual base*) gegeben sein, um zu prüfen, ob neue Informationen sinnvoll in den Kontext integriert werden können und um somit der Gefahr falscher Assoziationen vorzubeugen.
Ein besonders wichtiger Teil des Monitoring ist die Outputkontrolle, da die Zielsprachenproduktion das wesentliche Kriterium bei der Aufnahme und Beurteilung einer Dolmetschleistung ist. Barbara Moser-Mercers Modell endet allerdings mit dem Output in der Zielsprache (*target language - output*), wobei sie nicht berücksichtigt, dass der Dolmetscher durch die Outputkontrolle auch nach der Artikulation der Verdolmetschung in der Zielsprache noch die Möglichkeit hat, sein Output zu verbessern und beispielsweise Versprecher zu korrigieren. Zwar weist ihr Modell den Entscheidungspunkt „Verdolmetschung im Kopf richtig?" (*paraphrase correct?*) auf, da dieser jedoch unmittelbar vor dem Output kommt, stellt er keine Outputkontrolle dar, so dass abschließend beispielsweise noch ein letzter Entscheidungspunkt notwendig wäre, an dem geprüft wird, ob die Artikulation der Verdolmetschung in der Zielsprache richtig war.
Und schließlich gilt allgemein auch bei der Zieltextproduktion, dass die einzelnen Phasen nicht immer so klar voneinander zu trennen sind, wie anhand der linearen Struktur des Modells angenommen werden könnte. So laufen beim Simultandolmetschen mehrere Prozesse gleichzeitig ab, interagieren, bedingen und überlappen sich und gewisse Einheiten werden vorgezogen, während wiederum andere aufgeschoben werden.
Abschließend ist festzuhalten, dass es Barbara Moser-Mercer als einer der ersten gelungen ist, den Simultandolmetschprozess von der Wahrnehmung einer Schallwelle durch das Ohr bis hin zur Artikulation der Verdolmet-

schung in der Zielsprache zu veranschaulichen. Als Grundlage dienten ihr dabei verschiedene Erkenntnisse der Linguistik, Psycholinguistik und Informationsverarbeitung, wodurch sie deutlich gemacht hat, dass die Integration anderer Disziplinen in die Dolmetschwissenschaft unabdingbar ist. Mit ihrem komplexen und umfassenden Modell konnte Barbara Moser-Mercer wie beabsichtigt Schlussfolgerungen für die Ausbildung von Dolmetschern ziehen und die Dolmetschwissenschaft vorantreiben sowie zu weiteren Untersuchungen anregen. Bis heute dient ihr Modell, mit dem sie somit einen entscheidenden Beitrag zur Dolmetschwissenschaft geleistet hat, als Grundlage für neue Forschungsarbeiten.

6 Zusammenfassung

Zu Beginn der vorliegenden Arbeit wurden, anhand von Barbara Moser-Mercers Modell, die dem Simultandolmetschprozess zugrunde liegenden kognitiven Prozesse der Informationsverarbeitung erläutert, um einen Eindruck der Komplexität des Simultandolmetschens zu vermitteln. Dabei wurde deutlich, dass diese Tätigkeit vom Dolmetscher den Einsatz simultanspezifischer Strategien erfordert, die unter anderem in verstehensstützende Strategien und Strategien zur Zieltextproduktion untergliedert werden können. Die verstehensstützenden Strategien Antizipation, Inferenzieren, Segmentierung und Wissensaktivierung wurden daraufhin im Rahmen einer empirischen Untersuchung einer konkreten Analyse unterzogen, deren Ergebnisse abschließend nochmals zusammengefasst werden sollen.

Antizipation ist sowohl eine verstehensstützende Strategie als auch eine Strategie zur Zieltextproduktion, bei der beim Simultandolmetschen zwei verschiedene Arten unterschieden werden. Zum einen Antizipation als *bottom-up* verlaufende Strategie, das heißt Antizipation, die durch die sprachliche Struktur des Ausgangstextes ermöglicht wird, wobei der Dolmetscher auf sein im Langzeitgedächtnis gespeichertes syntaktisches oder semantisches Wissen zurückgreift. Zum anderen Antizipation als *top-down* verlaufende Strategie, das heißt Antizipation, die durch im Langzeitgedächtnis gespeichertes Allgemeinwissen sowie Wissen über den Anlass, das Thema und den voraussichtlichen Inhalt der Rede ermöglicht wird. Das eigentliche Ziel des Antizipierens ist, einen Teil des Verstehensprozesses des Originals zu „überspringen", wodurch die Verarbeitung des bereits antizipierten Teilstücks wegfällt und es direkt zur Aktivierung der Zielsprache kommen kann. Die somit eingesparten Verarbeitungs- und Aufmerksamkeitskapazitäten stehen daraufhin für andere Operationen, wie die Zieltextproduktion, die Aufnahme und Analyse des nächsten Segments und das Monitoring, zur Verfügung. Dadurch kann die Gedächtniskapazität generell entlastet und die Häufigkeit der im Zusammenhang mit Kapazitätenmanagement auftretenden Probleme verringert werden. Die Entscheidung für oder gegen das Antizipieren hängt dabei auch stark von der individuellen Disposition des Dolmetschers sowie seiner Persönlichkeit ab, da Antizipation immer mit einem gewissen Risiko verbunden ist. Vor allem aber variiert die Rolle, die die Antizipation beim Dolmetschen spielt, je nach Sprachenpaarkombination und Dolmetschrichtung. So ist Antizipation beim Simultandolmetschen aus dem Französischen ins Deutsche relativ selten, da aufgrund der syntaktischen Struktur von Ausgangs- und Zielsprache hierfür meist keine Notwendigkeit besteht. Vom Deutschen ins Französische hingegen spielt die

Antizipation eine viel wichtigere Rolle, was vor allem dem Verb zuzuschreiben ist, das im Deutschen oft erst am Ende des Satzes steht, im französischen Satzbau jedoch schon viel früher benötigt wird, wie auch Anhäufungen von Adjektiven vor einem Substantiv, weil die französische Syntax meist erfordert, dass das Substantiv vor dem Adjektiv bzw. den Adjektiven steht. Dazu kommt, dass im Rahmen der empirischen Untersuchung auf Basis eines Vergleichs des Ausgangstextes mit der Verdolmetschung nur die Art von Antizipation beobachtet und nachgewiesen werden konnte, bei der der Dolmetscher ein Segment bereits vor dem Redner geäußert hat. Erfolgten beide Äußerungen gleichzeitig oder in extrem geringem zeitlichem Abstand, war dies ein Hinweis auf wahrscheinlich erfolgte Antizipation, die jedoch im Rahmen dieser empirischen Untersuchung keine Beweiskraft besaß.

Auch für das Inferenzieren gilt, dass es nur beobachtet und analysiert werden konnte, wenn es bei der Zieltextproduktion beispielsweise zu einer Generalisierung, Attenuierung, Neutralisierung, Substitution oder zu einem Fehler kam, wohingegen es keine Beweiskraft besaß, wenn es eine erfolgreiche und vollständige Verdolmetschung ermöglichte. Das Inferenzieren ist eng mit der Antizipation verbunden, dient jedoch als rein verstehensstützende Strategie zum Lösen von Schwierigkeiten im Verstehensprozess. Diese beziehen sich zum einen auf Wahrnehmungslücken, die auf externe Faktoren oder die Kompetenz des Dolmetschers zurückzuführen sein können, zum anderen auf Wissenslücken, die auf fehlendes lexikalisches oder terminologisches Wissen sowie fehlendes Allgemein- oder Fachwissen des Dolmetschers zurückzuführen sein können, oder auch auftreten, wenn der Redner für den Rezipienten notwendige Informationen nicht explizit äußert (*missing links*). Hat der Dolmetscher aus einem der genannten Gründen ein Wort oder Textsegment nicht oder nicht vollständig gehört oder verstanden, wendet er die Strategie des Inferenzierens an, wobei er die Bedeutung des fehlenden Wortes oder Textsegments schlussfolgert, ergänzt und daraufhin dolmetscht. Das Inferenzieren erfolgt dabei meist als *top-down* verlaufende Verstehensstrategie, bei der der Dolmetscher sich unter Einsatz seines im Langzeitgedächtnis gespeicherten Allgemeinwissens und seiner Erfahrung auf die gehörten und bereits teilweise gedolmetschten Informationen sowie auf den Kontext, die Logik, Kohärenz und Redundanz der Rede stützt. Bei Wahrnehmungslücken kann das Inferenzieren auch als *bottom-up* verlaufende Verstehensstrategie erfolgen, bei welcher der Dolmetscher sich auf das im Langzeitgedächtnis gespeicherte Wissen über die Syntax und Semantik der Ausgangssprache stützt. Besondere Vorsicht gilt bei Wahrnehmungslücken dem Inferenzieren von Hilfsverben sowie von Tem-

pora von Verben, da diese durch falsches Inferenzieren immer wieder zu ungenauen oder falschen Verdolmetschungen führen.
Die Segmentierung ist einerseits eine verstehensstützende Strategie, die dazu beiträgt, lange und komplexe Sätze des Inputs schrittweise zu speichern und zu verarbeiten. Andererseits ist sie aber auch eine Strategie zur Zieltextproduktion, da sie beim Output unter Berücksichtigung der Syntax der Zielsprache eine klare Struktur gewährleistet. Von der Strategie der Segmentierung wird zum einen vor allem bei den Sprachenpaarkombinationen und Dolmetschrichtungen häufig Gebrauch gemacht, bei denen die Syntax der Ausgangssprache sehr komplex ist oder die syntaktischen Strukturen der Ausgangs- und Zielsprache große Unterschiede aufweisen. Bei der bereits angesprochenen Schwierigkeit, die beim Simultandolmetschen aus dem Deutschen ins Französische auftritt, wenn das Verb im deutschen Satz erst am Ende genannt, im französischen Satz jedoch viel früher benötigt wird, stellt die Segmentierung beispielsweise eine Alternative zur Antizipation dar. Zum anderen kann die Strategie der Segmentierung auch dann erforderlich werden, wenn die Vortragsweise eines Redners von langen Sätzen und Schachtelsätzen oder auch von einer unklaren Satzstruktur geprägt ist. Spätestens, wenn in einem solchen Fall die Kapazität seines Kurzzeitgedächtnisses erschöpft ist, muss der Dolmetscher dieses entlasten, indem er bereits gehörte Textsegmente verarbeitet und dolmetscht, so dass diese aus seinem Gedächtnis gelöscht und wieder neue Informationen aufgenommen werden können. Dabei verfährt der Dolmetscher je nach Sprache, Situation, Décalage, Verfassung und Persönlichkeit unterschiedlich und versucht, mit jeweils geeigneten funktionalen Sinneinheiten zu arbeiten. Diese ergeben sich stets ad hoc aus der Analyse der Rede und können Sequenzen einzelner Wörter, Satzteile, einen Satz, aber auch noch größere Abschnitte einer Rede oder lediglich ein einzelnes Wort umfassen. Dabei geht der Dolmetscher nicht unbedingt chronologisch vor, sondern speichert gewisse Sinneinheiten des Ausgangstextes länger im Kurzzeitgedächtnis als andere und formuliert sie bei der Zielsprachenproduktion erst zu einem späteren Zeitpunkt. Dies ist entweder der Fall, wenn der gewählte Zeitpunkt in der Struktur der Zielsprache passender ist oder auch wenn dem Dolmetscher zuvor keine geeignete Verdolmetschung für die betreffende Sinneinheit eingefallen ist. Zu einer Beibehaltung der Segmentierung des Inputs bei der Outputproduktion hingegen neigt der Dolmetscher nur, wenn die Vortragsgeschwindigkeit langsam ist und ihm somit nicht schnell genug neue Informationen geliefert werden.
Während des gesamten Dolmetschprozesses besteht ein ständiges Zusammenspiel zwischen dem sprachlichen und kulturellen Wissen, Allgemein-,

Fach- und Kontextwissen sowie Theorie- und Methodenwissen des Dolmetschers, was ihm sowohl das Analysieren und Verstehen des Ausgangstextes als auch die Zieltextproduktion erleichtert. Auf Basis dieses im Langzeitgedächtnis gespeicherten Wissens versteht der Dolmetscher eine Rede in einem zum Teil unbewussten, spontanen und zum Teil bewussten, überlegten Prozess. Dabei ist der unbewusste, spontane Verstehensakt meist unzureichend, weil der Dolmetscher den Sinn aller Textsegmente erfassen muss und nicht filtern und beispielsweise inhaltlich und/oder sprachlich schwer verständliche Teile ausblenden kann. Bei diesen führt der Dolmetscher eine bewusste, überlegte Analyse durch, wobei er das Vernommene mit im Langzeitgedächtnis gespeicherten Informationen in Verbindung bringt, die teilweise auch aus anderen Bereichen stammen. Dieses Vorgehen ermöglicht ihm ein tieferes Verstehen und erleichtert ihm das Erfassen des Sinns. Zu Beginn einer Rede, wenn der Dolmetscher deren Makrostruktur und Inhalt noch nicht kennt, muss er im Verstehensprozess vor allem im einlaufenden Text nach Anhaltspunkten suchen. Diese Art der Informationsverarbeitung, bei der der Dolmetscher sich insbesondere auf die ausgangssprachlichen Informationen stützt, wird als *bottom-up*, *data-driven* bzw. datengeleitete Verarbeitung bezeichnet. Da der Simultandolmetscher jedoch bereits mit der Zieltextproduktion eines Abschnittes beginnen muss, bevor er diesen in seiner Gesamtheit gehört hat, muss er sich auch auf sein Allgemein- und Kontextwissen stützen, welches den Verstehensprozess beschleunigt. Die Aktivierung dieses Wissens ermöglicht ihm außerdem, die kommunikativen Absichten des Redners zu erkennen, Kohärenz herzustellen sowie Wahrnehmungslücken zu schließen. Diese Art der Informationsverarbeitung wiederum, bei der der Dolmetscher sich insbesondere auf sein Allgemeinwissen, Kontextwissen, seine Erfahrung etc. stützt, wird als *top-down*, *expectation-* oder *hypothesis-driven* bzw. wissensgeleitete Verarbeitung bezeichnet, wobei im gesamten Dolmetschprozess *bottom-up* und *top-down*-Prozesse interagieren. Diese Strategie der Wissensaktivierung setzt bereits vor der Verdolmetschung selbst ein, da der Dolmetscher sich sein Wissen durch sorgfältige Vorbereitung aneignen muss, wofür die Hauptarbeit im Vorfeld einer Konferenz geleistet wird.

Schließlich wurde noch das strategische Verhalten des Dolmetschers im Falle von Zahlen und Eigennamen im Ausgangstext untersucht, da beide häufig eine Schwierigkeit und Fehlerquelle im Dolmetschprozess darstellen. Das liegt daran, dass sie aufgrund ihrer Unvorhersagbarkeit sowie geringen Redundanz durch *bottom-up*-Prozesse erkannt werden und Eigennamen teilweise phonemisch nachvollzogen werden müssen. Aus diesem Grund nehmen sie zum einen besonders viel Aufmerksamkeit und Verarbeitungskapazität in Anspruch und werden zum anderen schnell wieder vergessen. Dies erfordert vonseiten des Dolmetschers ein angepasstes strategisches Vorgehen, wobei in beiden Fällen ein ähnliches Verhalten zu beobachten war. Sobald der Dolmetscher eine Zahl oder einen Eigennamen hört, konzentriert er sich auf diese, indem er besonders viel Kapazität für die Ausgangstextaufnahme aufbietet. Im Bewusstsein der Tatsache, dass Zahlen und Eigennamen schnell wieder vergessen werden, verkürzt er gleichzeitig durch ein schnelleres Sprechtempo sein Décalage und/oder segmentiert, um sie daraufhin frühestmöglich zu dolmetschen. Bietet der Dolmetscher dabei ein höheres Maß an Aufmerksamkeit als gewöhnlich für die Ausgangstextaufnahme auf, läuft er jedoch auch Gefahr, die dafür vorgesehene Verarbeitungskapazität zu überlasten. Ist dies der Fall, steht ihm weniger Kapazität für die Speicherung im Kurzzeitgedächtnis sowie für die Zieltextproduktion und das Monitoring anderer Textsegmente zur Verfügung. Das kam in einigen Verdolmetschungen zum Tragen, die in den betreffenden Textabschnitten verhältnismäßig viele syntaktische, semantische und stilistische Mängel sowie kleinere Auslassungen und Fehler aufwiesen. Auch bei einer Aufzählung von geographischen Namen, die zu Symbolen für Katastrophen geworden sind, kam es zu Auslassungen, die darauf zurückzuführen sind, dass die betreffenden Dolmetscher diese Orte aufgrund mangelnden Wissens nicht mit Katastrophen in Verbindung bringen konnten bzw. gar nicht kennen. In einem solchen Fall versuchen letztere in einer Aufzählung offensichtlich nicht, die ihnen unbekannten geographischen Namen phonemisch nachzuvollziehen, sondern entscheiden sich eher dafür, diese zu tilgen. Vermutlich liegt diesem Verhalten ein strategisches Vorgehen zugrunde, mit dem der Dolmetscher sich davor schützen möchte, dass im Falle einer falschen Aussprache oder Betonung, wozu es beim rein phonemischen Nachsprechen kommen könnte, sein Wissen und dadurch seine Kompetenz in Frage gestellt wird. Diese Vermutung wurde im Rahmen eines zweiten Beispiels mit Eigennamen von Öltankern, die zu Symbolen für Umweltkatastrophen geworden sind, bestätigt.

Abschließend ist noch festzuhalten, dass bei der Auswertung der empirischen Untersuchung allgemein deutlich wurde, dass das Vorgehen des Dolmetschers meist nicht nur eine, sondern mehrere Strategien umfasst, die sich gegenseitig bedingen und überschneiden. Nicht zuletzt ist die Effizienz der einzelnen gewählten Strategien und ihrer Interaktion mit entscheidend für die Qualität der gesamten Dolmetschleistung.

7 Literaturverzeichnis

- Duden *Das Fremdwörterbuch* (2005). Mannheim: Bibliographisches Institut & F.A. Brockhaus AG.

- Duden *Die deutsche Rechtschreibung* (2005). Mannheim: Bibliographisches Institut & F.A. Brockhaus AG.

- Gerver, David (1976): *Empirical Studies of Simultaneous Interpretation – A Review and a Model.* In Brislin, R.W. (1976): *Translation – Application and Research.* New York: Gardner Press Inc.

- Gile, Daniel (1989): *Les flux d'information dans les réunions interlinguistiques et l'interprétation de conférence: premières observations.* In: *Meta 34* (1989). 649-660.

- Gile, Daniel (1995): *Basic Concepts and Models for Interpreter and Translator Training.* Amsterdam/Philadelphia: John Benjamins Publishing Company.

- Goldman-Eisler, Frieda (1972): *Segmentation of input in simultaneous translation.* In: Pöchhacker, F. / Shlesinger, M. (2002): *The Interpreting Studies Reader.* London und New York: Routledge. 68-76.

- Kalina, Sylvia (1998): *Strategische Prozesse beim Dolmetschen – Theoretische Grundlagen, empirische Fallstudien, didaktische Konsequenzen.* Tübingen: Gunter Narr Verlag.

- Kautz, Ulrich (2000): *Handbuch Didaktik des Übersetzens und Dolmetschens.* München: Iudicium Verlag.

- Kirchhoff, Hella (1976): *Das dreigliedrige, zweisprachige Kommunikationssystem Dolmetschen.* In: *Le Langage et l'homme.* Bd.11

- Kohn, Kurt (1990): *Dimensionen lernersprachlicher Performanz. Theoretische und empirische Untersuchungen zum Zweitsprachenerwerb.* Tübingen: Gunter Narr Verlag.

- Kurz, Ingrid (1996): *Simultandolmetschen als Gegenstand der interdisziplinären Forschung.* Wien: WUV-Universitätsverlag.

- Lederer, Marianne (1981): *La traduction simultanée – fondements théoriques.* Paris: Minard lettres modernes.

- Miller, George A. (1956): *The magical number seven plus or minus two: Some limits on our capacity for processing information.* In: *Psychological Review* (1956). 81-97.

- Moser, Barbara (1976): *Simultaneous Translation: Linguistic, psycholinguistic, and human information processing aspects*. Dissertation. Universität Innsbruck.

- Moser, Barbara (1978): *Simultaneous Interpretation: A Hypothetical Model and its Practical Application*. In: Gerver, D. / Sinaiko, H.W. (eds.) (1978): *Language Interpretation and Communication*. New York: Plenum Press. 353-369.

- Moser-Mercer, Barbara (1997): *Process Models in Simultaneous Interpretation*. In: Pöchhacker, F. / Shlesinger, M. (2002): *The Interpreting Studies Reader*. London und New York: Routledge. 148-161.

- Moser-Mercer, Barbara (2000): *Simultaneous interpreting: Cognitive potential and limitations*. In: Interpreting – *international journal of research and practice in interpreting*. Volume 5, Number 2 (2000/01). Amsterdam/Philadelphia: John Benjamins Publishing Company. 83-94.

- Pöchhacker, Franz (1994): *Simultandolmetschen als komplexes Handeln*. Tübingen: Gunter Narr Verlag.

- Pöchhacker, Franz / Shlesinger, Miriam (2002): *The Interpreting Studies Reader*. London und New York: Routledge.

- Reiß, Katharina / Vermeer, Hans J. (1991): *Grundlegung einer allgemeinen Translationstheorie*. Tübingen: Max Niemeyer Verlag.

- Schmidt, Sabine (1999): *Die Aufmerksamkeitsverteilung im Simultandolmetschen. Eine empirische Untersuchung*. Diplomarbeit.

- Seleskovitch, Danica (1968): *L'interprète dans les conférences internationales*. Paris: Minard lettres modernes.

- Seleskovitch, Danica (1988): *Der Konferenzdolmetscher: Sprache und Kommunikation*. Heidelberg: Julius Groos Verlag.

- Van Hoof, Henri (1962): *Théorie et Pratique de l'Interprétation*. München: Hueber Verlag.

- Vermeer, Hans J. / Witte, Heidrun (1990): *Mögen Sie Zistrosen?: scenes & frames & channels im translatorischen Handeln*. In: *Textcontext*. Beiheft 3. Heidelberg: Julius Groos Verlag.

8 Anhang

8.1 Ausgangstext

Ausschnitte einer Ansprache, die Dominique de Villepin am 30. Juni 2003, als damaliger Außenminister Frankreichs, anlässlich des zweiten Seminars der Umweltbeauftragten der Botschaften Frankreichs in Paris zum Thema Umwelt gehalten hat.

Mesdames, Messieurs,
Permettez-moi d'abord de vous souhaiter la bienvenue, et d'exprimer ma satisfaction d'ouvrir en compagnie de Roselyne Bachelot-Narquin ce séminaire des correspondants environnement. Je salue la présence parmi nous de M. Julius Georg Luy, ambassadeur chargé de l'Environnement au sein du ministère des affaires étrangères allemand, au côté de son homologue français, qui témoigne de l'excellente coopération qui existe entre nos deux pays sur le sujet, ainsi que le représentant de l'ambassade du Royaume-Uni à Paris, M. Hugh Elliott, conseiller pour les affaires globales.
Les temps ont bien changé, où notre diplomatie ne se saisissait que des sujets strictement liés à la paix et à la guerre. Ils restent évidemment le cœur de notre métier. Mais, heureusement, notre mission s'est considérablement, au fil du temps et de l'Histoire, enrichie et la diplomatie moderne se doit d'englober tous les relais d'influence et d'aborder toutes les grandes problématiques qui façonnent le monde d'aujourd'hui, marqué désormais par sa nature globale et les interactions qu'entretiennent les phénomènes transnationaux en tous genres : positifs comme la diffusion des moyens de communication, mais aussi néfastes comme les grandes pandémies. Aux défis anciens, comme le sous-développement, viennent se superposer des menaces nouvelles : terrorisme, prolifération, criminalité transnationale...
Aujourd'hui, préserver l'environnement, au Nord comme au Sud, à l'Est comme, et nous devons malheureusement avouer nos propres imperfections, à l'Ouest, et mettre en œuvre à l'échelle mondiale une véritable stratégie de développement durable constituent des défis majeurs. Les menaces pesant sur notre planète donnent lieu depuis une dizaine d'années à une accélération de la mobilisation internationale. Il s'agit pour la France d'un enjeu central pour une diplomatie globale qui souhaite intégrer toutes les dimensions de la mondialisation et contribuer à l'avènement d'un monde plus juste, plus stable, plus sûr. La défense de l'environnement ne saurait être une cause distincte des autres enjeux et priorités de notre action exté-

rieure. Elle se situe au contraire au cœur d'une démarche cohérente, d'une nouvelle manière de concevoir et de construire le monde.
La tâche est immense. Le quart des espèces vivantes sont gravement menacées. Le cinquième des terres arides fragiles est touché par une importante dégradation des sols qui met en danger environ un milliard de personnes. Lors de mes déplacements en Afrique, j'ai eu l'occasion d'observer les tensions que pouvait créer la gestion des ressources en eau, de voir aussi l'avancée du désert. Si les modes de production et de consommation actuels persistent, l'augmentation de température devrait être comprise entre 1,5 et 6 degrés d'ici la fin du siècle, avec de sévères conséquences : deux personnes sur trois risquent de connaître en 2025 des difficultés d'alimentation en eau. Depuis la fin des années soixante-dix, et du fait notamment d'une série de catastrophes hélas bien connues, de Seveso à Three Mile Island, de Bhopal à Tchernobyl, nous avons connu l'émergence d'une prise de conscience planétaire des menaces qui pèsent sur l'avenir de notre monde. Comme l'a affirmé le président de la République à Johannesburg, il y a un an, l'urgence est désormais à l'action. La France doit donc faire des propositions et rassembler les énergies.
Nos experts sont particulièrement actifs au sein de la communauté scientifique internationale. Ils contribuent aux côtés de leurs pairs à la compréhension et à la résolution des problèmes d'environnement. Nous devons cependant nous mobiliser davantage. Les défis de la mondialisation, parmi lesquels figure la gestion des biens publics environnementaux, exigent en effet une diplomatie active et ambitieuse, prenant appui sur une expertise fiable. Je n'oublie pas que notre pays est, peut-être, le plus riche au monde en diversité biologique terrestre, avec notre présence dans presque tous les grands milieux de la planète, qu'ils soient tempérés, méditerranéens, insulaires, tropicaux ou polaires. Ceci nous impose des responsabilités particulières.
La France se trouve désormais à la pointe de l'action en faveur de l'environnement. Dans le domaine de la protection du milieu marin, notre diplomatie s'est particulièrement illustrée, montrant du même coup la capacité d'action qui peut être la nôtre sur ces nouveaux enjeux, à condition bien entendu que cette action soit bien conçue, déterminée et durable. La France possède la deuxième zone économique exclusive du monde. Notre histoire d'ancienne puissance maritime et les liens noués avec la plupart de nos voisins de cette immense zone nous donnent des responsabilités particulières, de la gestion durable des ressources marines à la création d'aires protégées permettant de préserver une biodiversité menacée. Nous sommes particuliè-

rement engagés dans la bataille pour la sauvegarde des mammifères marins ou des récifs coralliens.

Les catastrophes écologiques répétées provoquées par les naufrages de pétroliers devant nos côtes (Amoco Cadiz, Erika) ont fait prendre conscience de la nécessité d'une stricte réglementation en matière de sécurité maritime. La France a été la première à se lancer dans un combat, aux côtés de ses partenaires de l'Union européenne puis auprès de l'Organisation maritime internationale, afin de faire avancer un dispositif de réforme ambitieux. Les idées françaises font leur chemin puisque nos partenaires de la Baltique s'en inspirent aujourd'hui pour mieux protéger leur propre espace maritime, très vulnérable lui aussi.

La France doit demeurer à l'avant-garde de la défense internationale de l'environnement. Parce qu'il y a urgence. Parce qu'il y va de notre avenir à tous. Mais aussi parce que notre pays a aujourd'hui une conscience particulière de ces enjeux et doit la faire entendre au service de l'intérêt général.

Mesdames et Messieurs, merci de votre attention.

8.2 Transkriptionen der Verdolmetschungen

Proband 1:

Zeit	Ausgangstext	Zeit	Verdolmetschung
00:00	Mesdames, Messieurs, (..) Permettez-moi d'abord de vous souhaiter la bienvenue, et d'exprimer ma satisfaction d'ouvrir	00:02	Meine Damen und Herrn, (..) erlauben Sie mir, dass ich Sie hier zunächst ganz herzlich begrüße
00:10	en compagnie de Roselyne Bachelot-Narquin ce séminaire des correspondants environnement. Je salue la présence	00:10	und Ihnen sage, wie sehr ich mich freue, in Begleitung von Herrn Naquin dieses Seminar über Umwelt
00:20	parmi nous de Monsieur Julius Georg Luy, ambassadeur chargé de l'Environnement au sein du ministère des affaires	00:20	zu eröffnen. Ich begrüße auch die Anwesenheit von Herrn Georg Luy, dem Botschafter für Umwelt
00:30	étrangères allemand, au côté de son homologue français, qui témoigne de l'excellente coopération	00:30	im Außenministerium von Deutschland, (..) neben seinem Amtskollegen aus Frankreich,
00:40	qui existe entre nos deux pays sur le sujet, ainsi que le représentant de l'ambassade du Royaume-Uni à Paris,	00:40	mit dem eine sehr gute Zusammenarbeit funktioniert, auch zwischen unseren beiden Ländern zu diesem Thema.
00:50	Monsieur Hugh Elliott, conseiller pour les affaires globales. (...) Les temps ont bien changé,	00:50	Außerdem der Botschafter Herr Hugh Elliott aus Großbritannien für (..)
01:00	où notre diplomatie ne se saisissait que des sujets strictement liés à la paix et à la guerre.	01:00	internationale Angelegenheiten. Die Zeiten haben sich geändert und unsere Außenpolitik
01:10	Ils restent évidemment le cœur de notre métier.	01:10	kümmert sich in erster Linie um Krieg und

Mais, heureusement, notre mission		Frieden. (…) Das bleibt immer noch im Herzen unserer
01:20	s'est considérablement, au fil du temps et de l'Histoire, enrichie et la diplomatie	01:20	Aufgabe. (…) Aber unsere Aufgabe hat sich im Laufe der Geschichte und der Zeit
01:30	moderne se doit d'englober tous les relais d'influence et d'aborder toutes les grandes problématiques	01:30	zum Glück bereichert und die moderne Außenpolitik (..) kümmert sich heute um alle
01:40	qui façonnent le monde d'aujourd'hui, marqué désormais par sa nature globale et les interactions	01:40	Einflüsse, um alle großen Problematiken, die unsere Welt von heute gestalten. (…) Eine Welt, die von
01:50	qu'entretiennent les phénomènes transnationaux en tous genres : positifs comme la diffusion des moyens de communication,	01:50	(…) internationalen Angelegenheiten geprägt ist, (…)
02:00	mais aussi néfastes comme les grandes pandémies. Aux défis anciens, comme le sous-développement,	02:00	positive internationale Angelegenheiten, wie die Verbreitung der Medien, aber auch zerstörerische internationale Angelegenheiten, wie Epidemien.
02:10	viennent se superposer des menaces nouvelles : terrorisme, prolifération, criminalité	02:10	(..) Unterentwicklung sind, und Armut sind neue Bedrohungen
02:20	transnationale… (..) Aujourd'hui, préserver l'environnement, au Nord comme au Sud,	02:20	sowie die Verbreitung von Massenvernichtungswaffen und organisierte Kriminalität. (…) Die Umwelt
02:30	à l'Est comme, et nous devons malheureusement avouer nos propres imperfections, à l'Ouest, et mettre en œuvre	02:30	zu schützen, im Norden sowie im Süden (…) und im Osten, und leider müssen wir auch zugeben auch hier bei uns im Westen,
02:40	à l'échelle mondiale une véritable stratégie de	02:40	(…) zeigen auf internationaler Ebene eine echte

	développement durable constituent des défis majeurs. (..)	nachhaltige Entwicklungsstrategie,
02:50	Les menaces pesant sur notre planète donnent lieu depuis une dizaine d'années à une accélération	02:50 die sich vor großen Herausforderungen sieht. Die Bedrohungen, die es für uns gibt,
03:00	de la mobilisation internationale. Il s'agit pour la France d'un enjeu central pour	03:00 seit einigen Jahrzehnten, sorgen für eine Beschleunigung der internationalen Mobilisierung. Für Frankreich
03:10	une diplomatie globale qui souhaite intégrer toutes les dimensions de la mondialisation et contribuer à l'avènement	03:10 geht es hierbei um ein ganz wichtiges Thema für internationale Außenpolitik, in die alle Bereiche der Globalisierung eingebunden
03:20	d'un monde plus juste, plus stable, plus sûr. La défense de l'environnement ne saurait être une cause	03:20 werden sollen, um so zu einer gerechteren, stabileren und sichereren Welt zu gelangen. Die, der
03:30	distincte des autres enjeux et priorités de notre action extérieure. Elle se situe au contraire	03:30 Umweltschutz (..) kann nicht unabhängig von unseren anderen Hauptzielen in der Außenpolitik betrachtet werden.
03:40	au cœur d'une démarche cohérente, d'une nouvelle manière de concevoir et de construire le monde. (..)	03:40 (...) Die Umweltpolitik befindet sich ganz im Gegenteil im Herzen eines gemeinsamen Vorgehens,
03:50	La tâche est immense. Le quart des espèces vivantes sont gravement menacées. Le cinquième des terres arides	03:50 einer Art, unsere Welt neu aufzubauen. Die Aufgabe ist immens. (...) Die lebenden
04:00	fragiles est touché par une importante dégradation des sols qui met en danger environ un milliard de	04:00 Tiere sind sehr bedroht. Die biologische Vielfalt ist sehr bedroht. Es gibt eine große Verschlechterung der Böden, die

04:10	personnes. Lors de mes déplacements en Afrique, j'ai eu l'occasion d'observer les tensions que pouvait créer	04:10	circa eine Milliarden von Menschen gefährden. (...) Als ich nach Afrika gereist bin, hatte ich die Gelegenheit
04:20	la gestion des ressources en eau, de voir aussi l'avancée du désert. Si les modes de production et de	04:20	die Spannungen zu sehen, die durch, äh, die knappen Wasserressourcen entstehen können und durch die Entstehung
04:30	consommation actuels persistent, l'augmentation de température devrait être comprise entre 1,5	04:30	von immer mehr Wüstengebieten. Der, wenn der aktuelle Verbrauch weiterhin bestehen bleibt, dann wird die Temperatur
04:40	et 6 degrés d'ici la fin du siècle, avec de sévères conséquences : deux personnes	04:40	zwischen 1,5 und 6/7 Grad betragen bis zum Ende des Jahrhundert. Und dies hat
04:50	sur trois risquent de connaître en 2025 des difficultés d'alimentation en eau.	04:50	sehr schlimme Folgen. Zwei Drittel der Menschen werden dann, im Jahre 2025,
05:00	Depuis la fin des années soixante-dix, et du fait notamment d'une série de catastrophes hélas bien connues,	05:00	Ernährungsschwierigkeiten haben, was die Wasserversorgung betrifft. Und bis zum Jahre 2010, als Folge
05:10	de Seveso à Three Mile Island, de Bhopal à Tchernobyl, nous avons connu l'émergence d'une prise de conscience	05:10	von leider sehr bekannten Katastrophen, (...) von Bophal in Tschernobyl, haben wir (...)
05:20	planétaire des menaces qui pèsent sur l'avenir de notre monde. Comme l'a affirmé le président	05:20	erkannt, dass man die Bedrohungen auf der ganzen Welt bewusster wahrnimmt, die uns entgegenstehen.
05:30	de la République à Johannesburg, il y a un an, l'urgence est désormais à l'action. La France doit donc faire	05:30	Wie der Präsident der Republik in Johannesburg vor einem Jahr gesagt hat, ist höchste Dringlichkeit geboten. Wir müssen etwas tun.
05:40	des propositions et rassembler les énergies. (...)	05:40	Frankreich muss deshalb Vorschläge machen und

	Nos experts sont particulièrement actifs au sein de la communauté		seine Energien sammeln. (…) Unsere Experten
05:50	scientifique internationale. Ils contribuent aux côtés de leurs pairs à la compréhension et à la résolution des problèmes	05:50	sind ganz besonders aktiv im internationalen Expertenkomitee. Sie tragen mit ihresgleichen dazu bei,
06:00	d'environnement. Nous devons cependant nous mobiliser davantage. Les défis de la mondialisation,	06:00	Lösungen zu finden zu diesen Umweltproblemen. (…) Wir müssen aber noch viel mehr tun.
06:10	parmi lesquels figure la gestion des biens publics environnementaux, exigent en effet une diplomatie active	06:10	Die Herausforderungen, die mit der Globalisierung entstehen, wozu auch (…) die Umweltschutzgebiete
06:20	et ambitieuse, prenant appui sur une expertise fiable. Je n'oublie pas que notre pays est, peut-être,	06:20	gehören, erfordern eine aktive Außenpolitik, wobei man sich auf vertrauenswürdige Expertisen stützen muss.
06:30	le plus riche au monde en diversité biologique terrestre, avec notre présence dans presque tous les grands milieux de la planète,	06:30	Ich vergesse dabei nicht, dass unser Frank, unser Land vielleicht eines der reichsten ist, was die Artenvielfalt angeht, mit unserer
06:40	qu'ils soient tempérés, méditerranéens, insulaires, tropicaux ou polaires.	06:40	(…) Anwesenheit in allen Gebieten auf der Erde, in gemäßigten, in den Mittelmeerbereichen, in den Tropen
06:50	Ceci nous impose des responsabilités particulières. (..) La France se trouve désormais à la pointe de l'action	06:50	und in den Polarbereichen. Dies sorgt dafür, dass wir ganz besonders große Verantwortung tragen. (..) Frankreich
07:00	en faveur de l'environnement. Dans le domaine de la protection du milieu marin, notre	07:00	(…) will aktiv etwas tun für die Umwelt. Im Bereich der Meeresgebiete (….)

	diplomatie s'est particulièrement		
07:10	illustrée, montrant du même coup la capacité d'action qui peut être la nôtre sur ces nouveaux enjeux, à condition bien entendu	07:10	sind wir besonders aktiv und zeigen, was für Kapazitäten wir haben, uns diesen neuen Herausforderungen
07:20	que cette action soit bien conçue, déterminée et durable. La France possède la deuxième zone économique	07:20	zu stellen. Aber selbstverständlich muss diese Aktion entschlossen stattfinden und nachhaltig wirken.
07:30	exclusive du monde. Notre histoire d'ancienne puissance maritime et les liens noués avec la plupart	07:30	(....) Frankreich ist der zweite exklusive Wirtschaftsbereich in der Welt. Wir haben
07:40	de nos voisins de cette immense zone nous donnent des responsabilités particulières, de la gestion durable des ressources marines	07:40	(..) einen wichtigen Meeresteil und (..) wir haben deshalb ganz besondere Verantwortung, wenn es
07:50	à la création d'aires protégées permettant de préserver une biodiversité menacée. Nous sommes	07:50	um, äh, Ressourcenmanagement geht, wenn es darum geht, die Artenvielfalt zu erhalten, besonders bei bedrohten Arten.
08:00	particulièrement engagés dans la bataille pour la sauvegarde des mammifères marins ou des récifs coralliens. (..) Les	08:00	Wir engagieren uns ganz besonders im Kampf zum Schutze der Meeressäugetiere und der Korallenriffe. (..)
08:10	catastrophes écologiques répétées provoquées par les naufrages de pétroliers devant nos côtes (Amoco Cadiz, Erika) ont	08:10	Die ökologischen Katastrophen, die immer wieder passieren, durch Öltanker, wie zum Beispiel
08:20	fait prendre conscience de la nécessité d'une stricte réglementation en matière de sécurité maritime. La France	08:20	Erika, (…) zeigen uns, dass wir eine strikte Regelung brauchen zur

08:30	a été la première à se lancer dans un combat, aux côtés de ses partenaires de l'Union européenne puis auprès de l'Organisation	08:30	Absicherung der Meeresgebiete. Frankreich hat sich zuerst auf diesen Kampf gestürzt, zusammen dann mit den europäischen Partnern
08:40	maritime internationale, afin de faire avancer un dispositif de réforme ambitieux. Les idées françaises	08:40	und schließlich mit den internationalen Meeresorganisationen, um so ehrgeizige Reformen durchführen zu können.
08:50	font leur chemin puisque nos partenaires de la Baltique s'en inspirent aujourd'hui pour mieux protéger leur propre espace maritime, très	08:50	Die französischen Gedanken sind Vorreiter. (.....) Auch andere
09:00	vulnérable lui aussi. (..) La France doit demeurer à l'avant-garde de la défense internationale de l'environnement.	09:00	Gebiete wollen heute ihre Meeresgebiete schützen und Frankreich muss hierbei eine Vorreiterrolle spielen im
09:10	Parce qu'il y a urgence. Parce qu'il y va de notre avenir à tous. Mais aussi parce que notre pays a aujourd'hui une conscience	09:10	internationalen Umweltschutz. Denn es besteht höchste Dringlichkeit. Denn es geht um unsere Zukunft, die Zukunft für uns alle. Aber auch, weil unser Land heute
09:20-09:30	particulière de ces enjeux et doit la faire entendre au service de l'intérêt général. Mesdames et Messieurs, merci de votre attention.	09:20	sich ganz besonders bewusst ist dieser Herausforderungen und genau weiß, worum es geht. Dies muss passieren im Dienste des allgemeinen Interesses.
		09:30-09:32	Meine Damen und Herrn, ich danke Ihnen für Ihre Aufmerksamkeit.

Proband 2:

Zeit	Ausgangstext	Zeit	Verdolmetschung
00:00	Mesdames, Messieurs, (..) Permettez-moi d'abord de vous souhaiter la bienvenue, et d'exprimer ma satisfaction d'ouvrir	00:02	Meine sehr verehrten Damen und Herrn, ich möchte Sie zu allererst herzlich willkommen heißen
00:10	en compagnie de Roselyne Bachelot-Narquin ce séminaire des correspondants environnement. Je salue la présence	00:10	und Ihnen sagen, wie sehr ich mich freue, dieses Seminar der Umweltverantwortlichen eröffnen
00:20	parmi nous de Monsieur Julius Georg Luy, ambassadeur chargé de l'Environnement au sein du ministère des affaires	00:20	zu können. Ich begrüße sehr, dass Herr Julius Georg Luy anwesend ist, der Botschafter für
00:30	étrangères allemand, au côté de son homologue français, qui témoigne de l'excellente coopération	00:30	Umwelt im Außenministerium Deutschlands. Daneben ist sein französischer Amtskollege
00:40	qui existe entre nos deux pays sur le sujet, ainsi que le représentant de l'ambassade du Royaume-Uni à Paris,	00:40	anwesend und dies zeugt von der guten Zusammenarbeit unserer, zwischen unseren beiden Ländern. Auch der
00:50	Monsieur Hugh Elliott, conseiller pour les affaires globales. (..) Les temps ont bien changé,	00:50	Vertreter des Vereinten Königreiches, Herr Hugh Elliott, ist anwesend.
01:00	où notre diplomatie ne se saisissait que des sujets strictement liés à la paix et à la guerre.	01:00	Und dies alles, dies freut mich sehr. (...) Unsere Diplomatie
01:10	Ils restent évidemment le cœur de notre métier. Mais, heureusement, notre mission	01:10	hört nicht bei Themen wie Frieden und Krieg auf. (..) Sie sind im, liegen immer noch im Herzen unserer
01:20	s'est considérablement, au fil du temps et de	01:20	Arbeit. Unsere Mission hat sich jedoch im Laufe

105

	l'Histoire, enrichie et la diplomatie		der Zeit und im Laufe der Geschichte erweitert und
01:30	moderne se doit d'englober tous les relais d'influence et d'aborder toutes les grandes problématiques	01:30	bereichert und die moderne Diplomatie umfasst heutzutage mehrere Einflussbereiche,
01:40	qui façonnent le monde d'aujourd'hui, marqué désormais par sa nature globale et les interactions	01:40	damit wir große Problematiken, die die Welt von heute betreffen, angehen können. (…) Dieses,
01:50	qu'entretiennent les phénomènes transnationaux en tous genres : positifs comme la diffusion des moyens de communication,	01:50	unsere Arbeit zeichnet sich durch transnationale Zusammenarbeit aus.
02:00	mais aussi néfastes comme les grandes pandémies. Aux défis anciens, comme le sous-développement,	02:00	(….) Wir arbeiten mit neuen Technologien. (…) Was alte
02:10	viennent se superposer des menaces nouvelles : terrorisme, prolifération, criminalité	02:10	Herausforderungen betrifft, wie zum Beispiel Unterentwicklung, so haben wir heute neue Herausforderungen, zum Beispiel Terrorismus,
02:20	transnationale… (..) Aujourd'hui, préserver l'environnement, au Nord comme au Sud,	02:20	die Verbreitung von Massenvernichtungswaffen und grenzüberschreitende Kriminalität. Heute ist Umweltschutz im
02:30	à l'Est comme, et nous devons malheureusement avouer nos propres imperfections, à l'Ouest, et mettre en œuvre	02:30	Norden wie auch im Süden, im Est, im Osten und auch im Westen, und wir müssen zugeben, dass wir selbst nicht
02:40	à l'échelle mondiale une véritable stratégie de développement durable constituent des défis majeurs. (.)	02:40	perfektionistisch sind, Umweltschutz ist eine große Herausforderung und es gilt auf internationaler Ebene eine langhaft,
02:50	Les menaces pesant sur notre planète donnent	02:50	eine nachhaltige Entwicklung, eine nachhaltige

	lieu depuis une dizaine d'années à une accélération		Strategie zu entwickeln. Die Bedrohungen für unseren Planeten gibt es schon seit
03:00	de la mobilisation internationale. Il s'agit pour la France d'un enjeu central pour	03:00	Jahrzehnten und sie führen zu immer mehr internationalem Engagement und Mobilität. Für Frankreich ist dies eine
03:10	une diplomatie globale qui souhaite intégrer toutes les dimensions de la mondialisation et contribuer à l'avènement	03:10	wesentliche Herausforderung für eine globale Diplomatie, die alle Bereiche der Mondialisi, der Globalisierung
03:20	d'un monde plus juste, plus stable, plus sûr. La défense de l'environnement ne saurait être une cause	03:20	abdecken kann und zu einer gerechteren, stabileren und sicheren Welt führen kann. Umweltschutz
03:30	distincte des autres enjeux et priorités de notre action extérieure. Elle se situe au contraire	03:30	(…) ist einer unter vielen Priori, unserer Prioritäten. Umweltschutz
03:40	au cœur d'une démarche cohérente, d'une nouvelle manière de concevoir et de construire le monde. (..)	03:40	befindet sich im Herzen eines, einer kohärenten Vorgehensweise, einer neuen Weltanschauung, an einem
03:50	La tâche est immense. Le quart des espèces vivantes sont gravement menacées. Le cinquième des terres arides	03:50	neuen Ansatz, diese Welt zu gestalten. (…) Viele Lebensarten sind bedroht. (..)
04:00	fragiles est touché par une importante dégradation des sols qui met en danger environ un milliard de	04:00	Viele Lebensräume sind bedroht. Und in vielen Bereichen der Welt verschlechtert sich die Qualität der Böden
04:10	personnes. Lors de mes déplacements en Afrique, j'ai eu l'occasion d'observer les tensions que pouvait créer	04:10	und eine Milliarde Menschen sind dadurch gefährdet. Bei meinen Reisen nach Afrika hatte ich Gelegenheit die Spannungen
04:20	la gestion des ressources en eau, de voir aussi	04:20	zu erleben, die entstehen durch eine begrenzte

	l'avancée du désert. Si les modes de production et de		Verfügbarkeit der Ressourcen und durch die immer
04:30	consommation actuels persistent, l'augmentation de température devrait être comprise entre 1,5	04:30	weitere Verwüstung. (.....) Der Temperaturanstieg
04:40	et 6 degrés d'ici la fin du siècle, avec de sévères conséquences : deux personnes	04:40	beträgt 1,5 bis 6 Grad. Dies wird sich bis zum Ende des Jahr, dieses Jahrhunderts fortsetzen und dies wird
04:50	sur trois risquent de connaître en 2025 des difficultés d'alimentation en eau.	04:50	schwerwiegende Konsequenzen haben. Zwei von drei Menschen werden im Jahre 2025 Schwierigkeiten haben beim
05:00	Depuis la fin des années soixante-dix, et du fait notamment d'une série de catastrophes hélas bien connues,	05:00	Zugang zu Trinkwasser. Seit dem Ende der siebziger Jahre (..) und durch viele leider bekannte
05:10	de Seveso à Three Mile Island, de Bhopal à Tchernobyl, nous avons connu l'émergence d'une prise de conscience	05:10	Katastrophen (...) auf der ganzen Welt haben wir (...)
05:20	planétaire des menaces qui pèsent sur l'avenir de notre monde. Comme l'a affirmé le président	05:20	eine Bewusst, ein Bewusstsein entweckelt, entwickelt für unseren Planeten für unsere Zukunft. Und dieses Bewusstsein ist auf der ganzen Welt entstanden. Der
05:30	de la République à Johannesburg, il y a un an, l'urgence est désormais à l'action. La France doit donc faire	05:30	Präsident der Republik hat in Johannesburg vor einem Jahr auf die Dringlichkeit erneut hingewiesen, dass wir jetzt handeln müssen. Frankreich muss aus diesem Grund
05:40	des propositions et rassembler les énergies. (...) Nos experts sont particulièrement actifs au sein	05:40	Vorschläge unterbreiten und Energien mobilisieren. (..)

	de la communauté		Unsere Experten sind besonders im Rahmen der
05:50	scientifique internationale. Ils contribuent aux côtés de leurs pairs à la compréhension et à la résolution des problèmes	05:50	wissenschaftlich, internationalen wissenschaftlichen Gemeinschaft tätig. Sie tragen (..) zum Verstehen und zur Lösung von
06:00	d'environnement. Nous devons cependant nous mobiliser davantage. Les défis de la mondialisation,	06:00	Umweltproblemen bei. (..) Wir müssen uns jedoch immer noch mehr engagieren. Die Herausforderungen der Globalisierung,
06:10	parmi lesquels figure la gestion des biens publics environnementaux, exigent en effet une diplomatie active	06:10	unter denen zum Beispiel auch die Handaha, Handhabung öffentlicher Umweltgüter fallen, benötigen eine
06:20	et ambitieuse, prenant appui sur une expertise fiable. Je n'oublie pas que notre pays est, peut-être,	06:20	effiziente Diplomatie, die sich auf Fachwissen, vertrauenswürdiges Fachwissen stützt. Ich weiß, dass unser Land
06:30	le plus riche au monde en diversité biologique terrestre, avec notre présence dans presque tous les grands milieux de la planète,	06:30	vielleicht eines der reichsten Länder in dieser Welt ist, auch was die Artenvielfalt und die Landschaft betrifft.
06:40	qu'ils soient tempérés, méditerranéens, insulaires, tropicaux ou polaires.	06:40	(…) In allen Gebieten dieser Welt, ob im Mittelmeerraum oder ob es sich um Inseln oder tropische Gebiete oder polare
06:50	Ceci nous impose des responsabilités particulières. (...) La France se trouve désormais à la pointe de l'action	06:50	Gebiete handelt, wir haben, wir tragen eine ganz besondere Verantwortung. Frankreich befindet sich
07:00	en faveur de l'environnement. Dans le domaine de la protection du milieu marin, notre diplomatie s'est particulièrement	07:00	im Moment auf der Höhe der Herausforderungen, die uns die Umwelt stellt. Wenn beim Schutz der,

07:10	illustrée, montrant du même coup la capacité d'action qui peut être la nôtre sur ces nouveaux enjeux, à condition bien entendu	07:10	der Meere hat sich gezeigt, dass unsere Diplomatie die notwendigen Kapazitäten hat, die es braucht, um diesen
07:20	que cette action soit bien conçue, déterminée et durable. La France possède la deuxième zone économique	07:20	Herausforderungen gerecht zu werden. Unsere Handlung muss gut abgestimmt sein, bestimmt sein und nachhaltig sein. Frankreich
07:30	exclusive du monde. Notre histoire d'ancienne puissance maritime et les liens noués avec la plupart	07:30	verfügt über den, einen der größten Wirtschaftsräume dieser Welt. Unsere Geschichte, in unserer Geschichte waren wir eine
07:40	de nos voisins de cette immense zone nous donnent des responsabilités particulières, de la gestion durable des ressources marines	07:40	Seefahrernation und dies gibt uns besondere Verantwortung im Umgang
07:50	à la création d'aires protégées permettant de préserver une biodiversité menacée. Nous sommes	07:50	mit den Ressourcen, die uns die Meere bieten. Wir müssen die Artenvielfalt, die heute so bedroht ist, schützen.
08:00	particulièrement engagés dans la bataille pour la sauvegarde des mammifères marins ou des récifs coralliens. (..) Les	08:00	Wir engagieren uns ganz besonders im Kampf zum Schutz der Meeressäugetiere und der Korallenriffe. (….)
08:10	catastrophes écologiques répétées provoquées par les naufrages de pétroliers devant nos côtes (Amoco Cadiz, Erika) ont	08:10	Umweltkatastrophen, die sich in der Vergangenheit wiederholt haben, zum Beispiel beim Untergang von Ölfrachtern,
08:20	fait prendre conscience de la nécessité d'une stricte réglementation en matière de sécurité maritime. La France	08:20	zum Beispiel dem Ölfrachter Erika, haben dazu beigetragen, dass uns bewusst geworden ist, wie wichtig internationale Regelungen zum Schutze der Meere

08:30	a été la première à se lancer dans un combat, aux côtés de ses partenaires de l'Union européenne puis auprès de l'Organisation	08:30	sind. Frankreich war eines der ersten Länder, welches sich diesem Kampf gestellt hat, mit seinen Partnern innerhalb der Europäischen Union
08:40	maritime internationale, afin de faire avancer un dispositif de réforme ambitieux. Les idées françaises	08:40	und auch in Zusammenarbeit mit der internationalen Organisation für den Schutz der Meere, damit es ehrgeizige Reformen gibt.
08:50	font leur chemin puisque nos partenaires de la Baltique s'en inspirent aujourd'hui pour mieux protéger leur propre espace maritime, très	08:50	Die französischen Ideen setzen sich durch. (……) Wir haben schon
09:00	vulnérable lui aussi. (..) La France doit demeurer à l'avant-garde de la défense internationale de l'environnement.	09:00	sehr viel erreicht. (..) Frankreich muss ein Vorreiter des internationalen Umweltschutzes bleiben.
09:10	Parce qu'il y a urgence. Parce qu'il y va de notre avenir à tous. Mais aussi parce que notre pays a aujourd'hui une conscience	09:10	Denn es besteht hier eine besondere Dringlichkeit. Es geht um unsere Zukunft, um die Zukunft aller. Aber auch, (..) weil wir uns
09:20-09:30	particulière de ces enjeux et doit la faire entendre au service de l'intérêt général. Mesdames et Messieurs, merci de votre attention.	09:20	heute ganz besonders unserer, aller Herausforderungen bewusst sind und wir müssen im Interesse aller diesen Herausforderungen begegnen. Meine sehr verehrten Damen und
		09:30-09:33	Herrn, vielen Dank für Ihre Aufmerksamkeit.

Proband 3:

Zeit	Ausgangstext	Zeit	Verdolmetschung
00:00	Mesdames, Messieurs, (..) Permettez-moi d'abord de vous souhaiter la bienvenue, et d'exprimer ma satisfaction d'ouvrir	00:03	Meine Damen und Herren, (..) gestatten Sie mir Ihnen zuerst einmal, (..)
00:10	en compagnie de Roselyne Bachelot-Narquin ce séminaire des correspondants environnement. Je salue la présence	00:10	Sie erst einmal herzlich willkommen zu heißen und Sie im Namen meiner Kollegin
00:20	parmi nous de Monsieur Julius Georg Luy, ambassadeur chargé de l'Environnement au sein du ministère des affaires	00:20	Joseline Bachelot willkommen zu heißen zu diesem Seminar. Ich freue mich über die Anwesenheit von Herrn Georg Luy, dem Botschafter
00:30	étrangères allemand, au côté de son homologue français, qui témoigne de l'excellente coopération	00:30	zu Umweltfragen im deutschen Außenministerium. Ihn begleitet sein
00:40	qui existe entre nos deux pays sur le sujet, ainsi que le représentant de l'ambassade du Royaume-Uni à Paris,	00:40	französischer Amtskollege, der stark an der Zusammenarbeit zwischen unseren beiden Ländern zu diesem Thema interessiert ist.
00:50	Monsieur Hugh Elliott, conseiller pour les affaires globales. (...) Les temps ont bien changé,	00:50	Außerdem sind vertreten die Vertreter des brit, des Vereinigten Königreichs, Mister
01:00	où notre diplomatie ne se saisissait que des sujets strictement liés à la paix et à la guerre.	01:00	Hugh Elliott. (...) Die Zeiten haben sich sehr verändert.
01:10	Ils restent évidemment le cœur de notre métier. Mais, heureusement, notre mission	01:10	Unsere Diplomatie beschäftigt sich nicht nur mit Themen wie Frieden und Krieg. Diese Themen sind zwar immer noch

01:20	s'est considérablement, au fil du temps et de l'Histoire, enrichie et la diplomatie	01:20	im Mittelpunkt unserer Arbeit, aber glücklicherweise hat sich unsere Arbeit im Laufe der Zeit
01:30	moderne se doit d'englober tous les relais d'influence et d'aborder toutes les grandes problématiques	01:30	bereichert. (….) Die moderne Diplomatie muss heute alle Einflussgebiete und alle
01:40	qui façonnent le monde d'aujourd'hui, marqué désormais par sa nature globale et les interactions	01:40	großen Probleme der heutigen Welt behandeln. Denn diese Welt ist heutzutage
01:50	qu'entretiennent les phénomènes transnationaux en tous genres : positifs comme la diffusion des moyens de communication,	01:50	von umfassenden Problemen gekennzeichnet. Und viele Phänomene betreffen stets
02:00	mais aussi néfastes comme les grandes pandémies. Aux défis anciens, comme le sous-développement,	02:00	die ganze Welt und nicht nur einzelne Länder. (….) Denken wir nur an große Seuchen.
02:10	viennent se superposer des menaces nouvelles : terrorisme, prolifération, criminalité	02:10	(…) Unterentwicklung und andere Probleme werden von neuen
02:20	transnationale…. (..) Aujourd'hui, préserver l'environnement, au Nord comme au Sud,	02:20	Bedrohungen begleitet. Terrorismus, die Verbreitung von Waffen und grenzübergreifende Probleme. (..)
02:30	à l'Est comme, et nous devons malheureusement avouer nos propres imperfections, à l'Ouest, et mettre en œuvre	02:30	Der Schutz der Umwelt ist heute für den Norden wie für den Süden, für (..) den Westen genauso
02:40	à l'échelle mondiale une véritable stratégie de développement durable constituent des défis majeurs. ()	02:40	und auch für den Osten, wobei es besonders schade ist, dass der Westen solche Probleme hat, ein Problem, das für uns bedeutet,
02:50	Les menaces pesant sur notre planète donnent lieu	02:50	dass wir eine große langfristige Strategie

	depuis une dizaine d'années à une accélération		nachhaltiger Politik entwickeln müssen. Die Bedrohungen, denen
03:00	de la mobilisation internationale. Il s'agit pour la France d'un enjeu central pour	03:00	unsere Welt gegenübersteht, und zwar schon seit mehreren Jahrzehnten, bedeutet, dass wir international zusammenarbeiten müssen.
03:10	une diplomatie globale qui souhaite intégrer toutes les dimensions de la mondialisation et contribuer à l'avènement	03:10	Aber auch für Frankreich steht sehr viel auf dem Spiel. Eine umfassende Diplomatie muss alle Herausforderungen
03:20	d'un monde plus juste, plus stable, plus sûr. La défense de l'environnement ne saurait être une cause	03:20	der Modernisierung bewältigen und auf diese Weise für eine friedlichere, sichere und stabilere Zukunft der Welt sorgen.
03:30	distincte des autres enjeux et priorités de notre action extérieure. Elle se situe au contraire	03:30	(....) Umweltschutz reiht sich dabei in die Reihe anderer Schwerpunkte
03:40	au cœur d'une démarche cohérente, d'une nouvelle manière de concevoir et de construire le monde. (...)	03:40	unserer Außenpolitik ein. Gleichzeitig steht der Umweltschutz im Zentrum unserer kohärenten Herangehensweise,
03:50	La tâche est immense. Le quart des espèces vivantes sont gravement menacées. Le cinquième des terres arides	03:50	die Welt wahrzunehmen und aufzubauen. (..) Die Aufgabe ist nicht leicht. Viele Arten gilt es zu schützen.
04:00	fragiles est touché par une importante dégradation des sols qui met en danger environ un milliard de	04:00	(....) Trockene Boden, Böden sind nicht sehr fruchtbar.
04:10	personnes. Lors de mes déplacements en Afrique, j'ai eu l'occasion d'observer les tensions que pouvait créer	04:10	Es herrscht Dürre und viele Menschen, circa eine Milliarde, leiden darunter. Auf Reisen nach Afrika
04:20	la gestion des ressources en eau, de voir aussi l'avancée du désert. Si les modes de production et	04:20	habe ich bemerkt, wie viel Konfliktpotenzial das Wassermanagement hervorrufen kann. Außerdem

	de		bildet
04:30	consommation actuels persistent, l'augmentation de température devrait être comprise entre 1,5	04:30	die Wüstenbildung ein großes Problem. (......) Dies gilt auch für den stetigen
04:40	et 6 degrés d'ici la fin du siècle, avec de sévères conséquences : deux personnes	04:40	Temperaturanstieg, der circa 1,5 bis 6 Grad bis zum Ende dieses Jahrhunderts beträgt. Dies hat
04:50	sur trois risquent de connaître en 2025 des difficultés d'alimentation en eau.	04:50	sehr weitreichende Folgen. Zwei Drittel aller Menschen werden bis zum Jahr 2025
05:00	Depuis la fin des années soixante-dix, et du fait notamment d'une série de catastrophes hélas bien connues,	05:00	Probleme haben, Zugang zu Trinkwasser zu haben. Seit dem Ende der siebziger Jahre und auch
05:10	de Seveso à Three Mile Island, de Bhopal à Tchernobyl, nous avons connu l'émergence d'une prise de conscience	05:10	aufgrund uns allen bekannter Katastrophen, (…) wie zum Beispiel Tschernobyl, (…)
05:20	planétaire des menaces qui pèsent sur l'avenir de notre monde. Comme l'a affirmé le président	05:20	ist es dazu gekommen, dass ein weltweites Bewusstsein über die Bedrohungen entstanden ist,
05:30	de la République à Johannesburg, il y a un an, l'urgence est désormais à l'action. La France doit donc faire	05:30	denen sich unsere Welt gegenübersieht. Auf dem Gipfel für nachhaltige Entwicklung in Johannesburg wurde klar gemacht, dass wir jetzt handeln müssen.
05:40	des propositions et rassembler les énergies. (…) Nos experts sont particulièrement actifs au sein de la communauté	05:40	Frankreich möchte deshalb Vorschläge unterbreiten und alle Kraft bündeln, um dieses Thema zu bewältigen. (…)
05:50	scientifique internationale. Ils contribuent aux côtés de leurs pairs à la compréhension et à la résolution des problèmes	05:50	Viele unserer Partner sind auch auf wissenschaftlicher Ebene aktiv. Zusammen mit ihren Kollegen arbeiten sie daran,

06:00	d'environnement. Nous devons cependant nous mobiliser davantage. Les défis de la mondialisation,	06:00	Umweltprobleme zu erkennen und zu lösen. Dennoch sollten wir noch viel mehr tun.
06:10	parmi lesquels figure la gestion des biens publics environnementaux, exigent en effet une diplomatie active	06:10	Die Herausforderung, die die Globalisierung darstellt, wie zum Beispiel die öffentlichen Umweltfragen, erfordern,
06:20	et ambitieuse, prenant appui sur une expertise fiable. Je n'oublie pas que notre pays est, peut-être,	06:20	dass die Diplomatie noch hoch gesteckte Ziele verfolgt und noch aktiver wird und aber auch evidenzbasierte Erkenntnisse zur Grundlage macht.
06:30	le plus riche au monde en diversité biologique terrestre, avec notre présence dans presque tous les grands milieux de la planète,	06:30	(....) Unser Land ist eines der reichsten Länder der Welt, wenn wir die Artenvielfalt betrachten.
06:40	qu'ils soient tempérés, méditerranéens, insulaires, tropicaux ou polaires.	06:40	(......) Und unsere Welt ist so vielfältig. Wir haben das gemäßigte, das Mittelmeerklima, das Inselklima, das
06:50	Ceci nous impose des responsabilités particulières. (..) La France se trouve désormais à la pointe de l'action	06:50	polare Klima und auch das tropische Klima. Deshalb kommt jeder Region eine ganz eigene Verantwortung zu. (..)
07:00	en faveur de l'environnement. Dans le domaine de la protection du milieu marin, notre diplomatie s'est particulièrement	07:00	Frankreich ist eines der Pionierländer, wenn es um Umweltschutz geht. Im Bereich des Umweltschutzes zugunsten der Meere
07:10	illustrée, montrant du même coup la capacité d'action qui peut être la nôtre sur ces nouveaux enjeux, à condition bien entendu	07:10	und Gewässer hat sich ganz besonders gut gezeigt, wie aktiv unsere Politik ist. Es hat sich gezeigt, dass wir bereit sind,

07:20	que cette action soit bien conçue, déterminée et durable. La France possède la deuxième zone économique	07:20	diese neuen Herausforderungen anzunehmen. Und wenn unsere Strategien nachhaltig geprägt sind, werden sie auch erfolgreich sein.
07:30	exclusive du monde. Notre histoire d'ancienne puissance maritime et les liens noués avec la plupart	07:30	Frankreich ist eine wichtige wirtschaftliche Region für die Welt. Wir waren früher eine wichtige Seemacht.
07:40	de nos voisins de cette immense zone nous donnent des responsabilités particulières, de la gestion durable des ressources marines	07:40	Dies hat dazu geführt, dass wir wichtige Verbindungen zu anderen Nachbarn der Welt haben. Und deshalb
07:50	à la création d'aires protégées permettant de préserver une biodiversité menacée. Nous sommes	07:50	kommt uns eine ganz besondere Verantwortung zu, die Ressourcen (..) im Seebereich zu schützen, Artenvielfalt auch in den Meeren
08:00	particulièrement engagés dans la bataille pour la sauvegarde des mammifères marins ou des récifs coralliens. (...) Les	08:00	zu bewahren. Wir engagieren uns für den Schutz der Säugetiere im Meer und auch für den Schutz der Korallenriffs. (...)
08:10	catastrophes écologiques répétées provoquées par les naufrages de pétroliers devant nos côtes (Amoco Cadiz, Erika) ont	08:10	Zunehmende ökologische Katastrophen, wie zum Beispiel das Sinken von Öltankern vor der Küste
08:20	fait prendre conscience de la nécessité d'une stricte réglementation en matière de sécurité maritime. La France	08:20	Frankreichs, haben dazu geführt, dass wir uns darüber bewusst geworden sind, dass wir eine noch strengere Reglementierung für die Sicherheit auf Meereswegen brauchen.
08:30	a été la première à se lancer dans un combat, aux côtés de ses partenaires de l'Union européenne puis auprès de l'Organisation	08:30	Frankreich war deshalb das erste Land, das zusammen mit seinen Partnern der Europäischen Union sich dafür eingesetzt hat, (...)

08:40	maritime internationale, afin de faire avancer un dispositif de réforme ambitieux. Les idées françaises	08:40	und auch in Zusammenarbeit mit der internationalen Meeresorganisation, wichtige und weitgreifende Reformen umzusetzen.
08:50	font leur chemin puisque nos partenaires de la Baltique s'en inspirent aujourd'hui pour mieux protéger leur propre espace maritime, très	08:50	Unsere Ideen waren erfolgreich. Denn auch unsere Partner möchten heutzutage ihren eigenen
09:00	vulnérable lui aussi. (..) La France doit demeurer à l'avant-garde de la défense internationale de l'environnement.	09:00	Meeresbereich schützen. Denn auch dieser ist sehr fragil. Frankreich muss weiterhin Vorreiter sein, wenn es darum geht, auf internationaler Ebene
09:10	Parce qu'il y a urgence. Parce qu'il y va de notre avenir à tous. Mais aussi parce que notre pays a aujourd'hui une conscience	09:10	die Umwelt zu schützen. Denn dies ist dringend. Es geht schließlich um die Zukunft von allen. (..) Frankreich ist sich heute
09:20-09:30	particulière de ces enjeux et doit la faire entendre au service de l'intérêt général. Mesdames et Messieurs, merci de votre attention.	09:20	ganz besonders bewusst, wie viel auf dem Spiel steht. Wir möchten deshalb, dass die Allgemeinheit sich ebenfalls dessen bewusst wird. Meine Damen und Herren,
		09:30-09:33	vielen Dank (..) für Ihre Aufmerksamkeit.

Proband 4:

Zeit	Ausgangstext	Zeit	Verdolmetschung
00:00	Mesdames, Messieurs, (..) Permettez-moi d'abord de vous souhaiter la bienvenue, et d'exprimer ma satisfaction d'ouvrir	00:04	Erlauben Sie mir zuerst, Sie herzlich willkommen zu heißen. Auch möchte ich
00:10	en compagnie de Roselyne Bachelot-Narquin ce séminaire des correspondants environnement. Je salue la présence	00:10	sagen, dass ich mit Roselyne Bachelot-Raquin dies, mit Freude dieses Seminar zur Umwelt
00:20	parmi nous de Monsieur Julius Georg Luy, ambassadeur chargé de l'Environnement au sein du ministère des affaires	00:20	eröffne. Auch Herrn Julius Georg Luy müsste, möchte ich hier begrüßen. Er ist der Botschafter
00:30	étrangères allemand, au côté de son homologue français, qui témoigne de l'excellente coopération	00:30	für Umwelt beim Außenministerium in Deutschland. Er
00:40	qui existe entre nos deux pays sur le sujet, ainsi que le représentant de l'ambassade du Royaume-Uni à Paris,	00:40	arbeitet mit seinem französischen Pendant zusammen und auch ihn möchte ich begrüßen.
00:50	Monsieur Hugh Elliott, conseiller pour les affaires globales. (...) Les temps ont bien changé,	00:50	Ebenso Herrn Hugh Elliott, den Beauftragten für
01:00	où notre diplomatie ne se saisissait que des sujets strictement liés à la paix et à la guerre.	01:00	allgemeine Fragen aus Großbritannien. (..) Unsere Außenpolitik (...)
01:10	Ils restent évidemment le cœur de notre métier. Mais, heureusement, notre mission	01:10	bezog sich lange nur auf Fragen des Krieges und des Friedens. Natürlich sind das nach wie vor sehr wichtige
01:20	s'est considérablement, au fil du temps et de	01:20	Arbeitsbereiche für uns. Aber nach und nach, im

119

	l'Histoire, enrichie et la diplomatie		Laufe der Geschichte, (…)
01:30	moderne se doit d'englober tous les relais d'influence et d'aborder toutes les grandes problématiques	01:30	hat sich die Außenpolitik, die moderne Außenpolitik, aus, auch anderer Bereiche
01:40	qui façonnent le monde d'aujourd'hui, marqué désormais par sa nature globale et les interactions	01:40	angenommen. (..) Problemen nämlich, die die Welt insgesamt angehen, da sie
01:50	qu'entretiennent les phénomènes transnationaux en tous genres : positifs comme la diffusion des moyens de communication,	01:50	globale Probleme sind und grenzüberschreitende Bereiche betreffen. (.…)
02:00	mais aussi néfastes comme les grandes pandémies. Aux défis anciens, comme le sous-développement,	02:00	Das betrifft zum Beispiel positive Bereiche, wie die Telekommunikation, aber auch negative, wie
02:10	viennent se superposer des menaces nouvelles : terrorisme, prolifération, criminalité	02:10	Pandemien. (.…) Auch gibt es neue Bedrohungen: Terrorismus,
02:20	transnationale… (..) Aujourd'hui, préserver l'environnement, au Nord comme au Sud,	02:20	Verbreitung von Massenvernichtungswaffen und internationale Kriminalität. (..) Der Umweltschutz ist
02:30	à l'Est comme, et nous devons malheureusement avouer nos propres imperfections, à l'Ouest, et mettre en œuvre	02:30	heute im Norden wie auch im Süden, im Es, im Westen und auch im Osten, wir müssen
02:40	à l'échelle mondiale une véritable stratégie de développement durable constituent des défis majeurs. (.)	02:40	da auch einige (..) Lücken einräumen, ein wichtiges Problem
02:50	Les menaces pesant sur notre planète donnent lieu depuis une dizaine d'années à une accélération	02:50	und eine große Herausforderung. Die Bedrohungen für unsere Welt,

03:00	de la mobilisation internationale. Il s'agit pour la France d'un enjeu central pour	03:00	die uns seit ungefähr zehn Jahren beschäftigen, verlangen eine Zusammenarbeit auf internationaler
03:10	une diplomatie globale qui souhaite intégrer toutes les dimensions de la mondialisation et contribuer à l'avènement	03:10	Ebene. Frankreich tritt für eine weltweite Außenpolitik ein, die alle Akteure
03:20	d'un monde plus juste, plus stable, plus sûr. La défense de l'environnement ne saurait être une cause	03:20	vereint und für eine gerechtere, stabilere und sicherere Welt arbeitet. Umweltschutz
03:30	distincte des autres enjeux et priorités de notre action extérieure. Elle se situe au contraire	03:30	kann nicht von anderen Prioritäten und Herausforderungen der Außenpolitik getrennt gesehen
03:40	au cœur d'une démarche cohérente, d'une nouvelle manière de concevoir et de construire le monde. (..)	03:40	werden. Ganz im Gegenteil. Umweltschutz ist fester Bestandteil einer neuen Sicht
03:50	La tâche est immense. Le quart des espèces vivantes sont gravement menacées. Le cinquième des terres arides	03:50	und einer neuen Art und Weise, wie man mit der Welt umgeht. (..) Viele Arten sind heute akut
04:00	fragiles est touché par une importante dégradation des sols qui met en danger environ un milliard de	04:00	bedroht. (......) Die Erderosionen
04:10	personnes. Lors de mes déplacements en Afrique, j'ai eu l'occasion d'observer les tensions que pouvait créer	04:10	und Trockenheit bedroht eine Milliarde Menschen in der Welt. Als ich nach Afrika reiste,
04:20	la gestion des ressources en eau, de voir aussi l'avancée du désert. Si les modes de production et	04:20	konnte ich dort beobachten, welche Spannungen durch Wassermangel und Ausbreitung des, der

	de		
04:30	consommation actuels persistent, l'augmentation de température devrait être comprise entre 1,5	04:30	Wüste auftreten können. Wenn wir so weiter leben und konsumieren wie
04:40	et 6 degrés d'ici la fin du siècle, avec de sévères conséquences : deux personnes	04:40	bisher, dann wird die Temperatur zwischen 1,5 und 6 Grad steigen bis zum Ende des Jahrhunderts und das wird
04:50	sur trois risquent de connaître en 2025 des difficultés d'alimentation en eau.	04:50	ernsthafte Folgen haben. Zwei Drittel der Menschheit wird dann
05:00	Depuis la fin des années soixante-dix, et du fait notamment d'une série de catastrophes hélas bien connues,	05:00	2025 schwerwiegende Ernährungsprobleme haben. (…) Bis
05:10	de Seveso à Three Mile Island, de Bhopal à Tchernobyl, nous avons connu l'émergence d'une prise de conscience	05:10	2070, (..) Entschuldigung, 1970 gab es, erinnern wir uns an Seveso, Tschernobyl, Bhopal.
05:20	planétaire des menaces qui pèsent sur l'avenir de notre monde. Comme l'a affirmé le président	05:20	Seitdem steigt weltweit das Bewusstsein für die Bedrohungen, die,
05:30	de la République à Johannesburg, il y a un an, l'urgence est désormais à l'action. La France doit donc faire	05:30	denen wir gegenüberstehen. Vor einem Jahr wurde in Johannesburg die Dringlichkeit
05:40	des propositions et rassembler les énergies. (…) Nos experts sont particulièrement actifs au sein de la communauté	05:40	festgestellt, dass wir handeln müssen. Frankreich muss auch hier Energien sammeln und
05:50	scientifique internationale. Ils contribuent aux côtés de leurs pairs à la compréhension et à la résolution des problèmes	05:50	vereinen. Unsere Spezialisten arbeiten aktiv mit den internationalen Spezialisten zusammen und
06:00	d'environnement. Nous devons cependant nous	06:00	tragen ihren Teil dazu bei, dass die Umwelt und

	mobiliser davantage. Les défis de la mondialisation,		unsere Welt besser geschützt werden. Wir müssen aber noch mehr tun.
06:10	parmi lesquels figure la gestion des biens publics environnementaux, exigent en effet une diplomatie active	06:10	Die Herausforderung der Globalisierung (...) wird auch für die Umwelt
06:20	et ambitieuse, prenant appui sur une expertise fiable. Je n'oublie pas que notre pays est, peut-être,	06:20	Folgen haben. Daher muss auch unsere Außenpolitik hohe Ziele verfolgen und verlässlich arbeiten.
06:30	le plus riche au monde en diversité biologique terrestre, avec notre présence dans presque tous les grands milieux de la planète,	06:30	Auch werde ich nicht vergessen, dass unser Land eines der reichsten Länder ist, auch was die Biodiversität betrifft.
06:40	qu'ils soient tempérés, méditerranéens, insulaires, tropicaux ou polaires.	06:40	(...) Alle Regionen der Welt, die Inseln, die tropischen Regionen,
06:50	Ceci nous impose des responsabilités particulières. (..) La France se trouve désormais à la pointe de l'action	06:50	die Polarregionen und die Mittelmeerregionen sind hier betroffen und das heißt, dass wir eine große Verantwortung tragen.
07:00	en faveur de l'environnement. Dans le domaine de la protection du milieu marin, notre diplomatie s'est particulièrement	07:00	Frankreich muss Vorreiter beim Umweltschutz sein. Auch den Meeresschutz
07:10	illustrée, montrant du même coup la capacité d'action qui peut être la nôtre sur ces nouveaux enjeux, à condition bien entendu	07:10	(.....) werden wir stärker betreiben, wir im Außenministerium,
07:20	que cette action soit bien conçue, déterminée et durable. La France possède la deuxième zone économique	07:20	denn auch hier gibt es viele Herausforderungen. Die Handlungsweisen müssen aber gut überlegt, entschlossen und nachhaltig

123

07:30	exclusive du monde. Notre histoire d'ancienne puissance maritime et les liens noués avec la plupart	07:30	sein. Frankreich ist an zweiter Stelle der wirtschaftlichen Stärke. (….)
07:40	de nos voisins de cette immense zone nous donnent des responsabilités particulières, de la gestion durable des ressources marines	07:40	Die Verbindungen mit unseren Nachbarländern erlegen uns besondere Verantwortung
07:50	à la création d'aires protégées permettant de préserver une biodiversité menacée. Nous sommes	07:50	auf, wenn es um den Schutz des Meeres geht, auch um den Luftschutz und um den Schutz
08:00	particulièrement engagés dans la bataille pour la sauvegarde des mammifères marins ou des récifs coralliens. (..) Les	08:00	der Artenvielfalt, die heute bedroht sind. Wir müssen auch die Säugetiere und
08:10	catastrophes écologiques répétées provoquées par les naufrages de pétroliers devant nos côtes (Amoco Cadiz, Erika) ont	08:10	die Korallenriffe ganz besonders beachten, wenn wir im Umweltschutz arbeiten. (..) Wenn Öltanker vor
08:20	fait prendre conscience de la nécessité d'une stricte réglementation en matière de sécurité maritime. La France	08:20	unseren Küsten sinken wird uns bewusst, dass wir eine strenge Regelung
08:30	a été la première à se lancer dans un combat, aux côtés de ses partenaires de l'Union européenne puis auprès de l'Organisation	08:30	im maritimen Bereich benötigen. Frankreich hat zuerst gehandelt und mit seinen Partnern in der Europäischen
08:40	maritime internationale, afin de faire avancer un dispositif de réforme ambitieux. Les idées françaises	08:40	Union (..) Maßnahmen umgesetzt, (..) mit dem Ziel, (…)
08:50	font leur chemin puisque nos partenaires de la	08:50	starke Reformen umzusetzen. Frankreich arbeitet

	Baltique s'en inspirent aujourd'hui pour mieux protéger leur propre espace maritime, très		auch mit den baltischen Ländern zusammen, um auch dort
09:00	vulnérable lui aussi. (..) La France doit demeurer à l'avant-garde de la défense internationale de l'environnement.	09:00	das Meer zu schützen. Denn auch dort ist das Meer stark gefährdet. Frankreich muss eine
09:10	Parce qu'il y a urgence. Parce qu'il y a de notre avenir à tous. Mais aussi parce que notre pays a aujourd'hui une conscience	09:10	Vorreiterrolle beim Umweltschutz spielen, denn es gilt hier, dringend zu handeln. Es geht um unsere, um unser aller Zukunft. (…)
09:20-09:30	particulière de ces enjeux et doit la faire entendre au service de l'intérêt général. Mesdames et Messieurs, merci de votre attention.	09:20	Wir sind uns in Frankreich heute der Herausforderungen bewusst. (…) Es handelt sich um Herausforderungen, denen
		09:30-09:35	wir im Interesse aller begegnen müssen. Meine Damen und Herren, danke für Ihre Aufmerksamkeit.

Proband 5:

Zeit	Ausgangstext	Zeit	Verdolmetschung
00:00	Mesdames, Messieurs, (..) Permettez-moi d'abord de vous souhaiter la bienvenue, et d'exprimer ma satisfaction d'ouvrir	00:04	Meine Damen und Herren, ich möchte Sie zunächst einmal herzlich willkommen lei, heißen
00:10	en compagnie de Roselyne Bachelot-Narquin ce séminaire des correspondants environnement. Je salue la présence	00:10	und ich möchte Ihnen sagen, dass ich gemeinsam, mich freue, gemeinsam mit Roselyne Bachelot-Marquin, dieses Seminar der
00:20	parmi nous de Monsieur Julius Georg Luy, ambassadeur chargé de l'Environnement au sein du ministère des affaires	00:20	Umweltbeauftragten zu eröffnen. Ich begrüße Herrn Julius Georg Luy, den
00:30	étrangères allemand, au côté de son homologue français, qui témoigne de l'excellente coopération	00:30	Beauftragten für Umweltschutz beim deutschen Außenministerium, gemeinsam mit seinem französischen Amtskollegen.
00:40	qui existe entre nos deux pays sur le sujet, ainsi que le représentant de l'ambassade du Royaume-Uni à Paris,	00:40	Die, die Anwesenheit der beiden zeigt die hervorragende Arbeit, Zusammenarbeit unserer beiden Länder in diesem Thema.
00:50	Monsieur Hugh Elliott, conseiller pour les affaires globales. (...) Les temps ont bien changé,	00:50	Ebenso begrüße ich den Vertreter der britischen Botschaft in Paris, der
01:00	où notre diplomatie ne se saisissait que des sujets strictement liés à la paix et à la guerre.	01:00	zuständig ist für Umweltfragen. (.....) In der Vergangenheit hat sich unsere
01:10	Ils restent évidemment le cœur de notre métier. Mais, heureusement, notre mission	01:10	Außenpolitik nur um Krieg und Frieden gekümmert. Das ist natürlich immer noch das Herzstück unserer

01:20	s'est considérablement, au fil du temps et de l'Histoire, enrichie et la diplomatie	01:20	Außenpolitik, aber glücklicherweise hat sich im Laufe der Zeit und im Laufe der Geschichte unsere
01:30	moderne se doit d'englober tous les relais d'influence et d'aborder toutes les grandes problématiques	01:30	Aufgabe erweitert und die moderne französische Außenpolitik muss alle Bereiche mit einbeziehen und
01:40	qui façonnent le monde d'aujourd'hui, marqué désormais par sa nature globale et les interactions	01:40	muss alle großen Probleme der Welt von heute ansprechen. Diese, denn diese Welt ist
01:50	qu'entretiennent les phénomènes transnationaux en tous genres : positifs comme la diffusion des moyens de communication,	01:50	immer, wird immer mehr zusammenhängend. Transnationale Phänomene treten in allen Bereichen auf. Es gibt sowohl
02:00	mais aussi néfastes comme les grandes pandémies. Aux défis anciens, comme le sous-développement,	02:00	positive Effekte, wie die Kommunikation, aber auch negative Seiten, wie zu große Epidemien.
02:10	viennent se superposer des menaces nouvelles : terrorisme, prolifération, criminalité	02:10	Unterentwicklung kommt zu, Unterentwicklung wird ergänzt von neuen
02:20	transnationale… (..) Aujourd'hui, préserver l'environnement, au Nord comme au Sud,	02:20	Gefahren: grenzüberschreitende Kriminalität und Terrorismus. (…) Umweltschutz,
02:30	à l'Est comme, et nous devons malheureusement avouer nos propres imperfections, à l'Ouest, et mettre en œuvre	02:30	sowohl in den nördlichen Ländern als auch in den südlichen Ländern, im Westen als auch im Osten, hier müssen wir leider unseren
02:40	à l'échelle mondiale une véritable stratégie de développement durable constituent des défis majeurs. (.)	02:40	mangelnden Umweltschutz im Westen anerkennen, und weltweit eine Strategie der nachhaltigen Entwicklung umzusetzen, sind
02:50	Les menaces pesant sur notre planète donnent	02:50	große Herausforderungen. Die Bedrohungen für

127

	lieu depuis une dizaine d'années à une accélération		unsere Welt sind seit mehr als,
03:00	de la mobilisation internationale. Il s'agit pour la France d'un enjeu central pour	03:00	seit mehreren Jahr, seit mehr als zehn Jahren Anlass für internationale Zusammenarbeit. Für Frankreich
03:10	une diplomatie globale qui souhaite intégrer toutes les dimensions de la mondialisation et contribuer à l'avènement	03:10	ist dies ein vorrangiges Ziel für eine internationale Zusammenarbeit, die alle Effekte der Globalisierung mit einbezieht
03:20	d'un monde plus juste, plus stable, plus sûr. La défense de l'environnement ne saurait être une cause	03:20	und zu einer gerechteren, stabileren und sicheren Welt beitragen soll. Umweltschutz (..)
03:30	distincte des autres enjeux et priorités de notre action extérieure. Elle se situe au contraire	03:30	ist nicht, kann nicht losgelöst gesehen werden von anderen Prioritäten unserer
03:40	au cœur d'une démarche cohérente, d'une nouvelle manière de concevoir et de construire le monde. (..)	03:40	Außenpolitik, sondern Umweltschutz ist im Gegenteil Teil eines kohärenten Ansatzes, einer neuen Art, die
03:50	La tâche est immense. Le quart des espèces vivantes sont gravement menacées. Le cinquième des terres arides	03:50	Welt zu sehen und aufzubauen. (...) Diese Aufgabe ist für uns gewaltig. Viele Lebewesen sind
04:00	fragiles est touché par une importante dégradation des sols qui met en danger environ un milliard de	04:00	bedroht. Fünf, ein Fünftel der, (…) der Böden ist von, ist
04:10	personnes. Lors de mes déplacements en Afrique, j'ai eu l'occasion d'observer les tensions que pouvait créer	04:10	bedroht und dies zerstört die Lebensgrundlagen von einer Milliarde Menschen. Als ich in Afrika war, konnte ich die
04:20	la gestion des ressources en eau, de voir aussi	04:20	Spannungen sehen, die der, den Umgang mit

128

	l'avancée du désert. Si les modes de production et de		Wasser hervorgerufen hat und auch die
04:30	consommation actuels persistent, l'augmentation de température devrait être comprise entre 1,5	04:30	fortschreitende Wüstenbildung. Wenn unsere derzeitiges Konsumverhalten und Produktionsverhalten andauern, dann wird die,
04:40	et 6 degrés d'ici la fin du siècle, avec de sévères conséquences : deux personnes	04:40	der Temperaturanstieg zwischen 1,5 und 6 Grad bis zum Ende des Jahrhunderts betragen. Dies wird schwerwiegende Folgen
04:50	sur trois risquent de connaître en 2025 des difficultés d'alimentation en eau.	04:50	haben. Zwei Drittel aller Menschen werden 2025
05:00	Depuis la fin des années soixante-dix, et du fait notamment d'une série de catastrophes hélas bien connues,	05:00	schwierig auf, Schwierigkeiten bei der Trinkwasserversorgung haben. Seit Ende der siebziger Jahre (…) gab es
05:10	de Seveso à Three Mile Island, de Bhopal à Tchernobyl, nous avons connu l'émergence d'une prise de conscience	05:10	leider einige große Katastrophen, wie zum Beispiel Bhopal und Tschernobyl, (…)
05:20	planétaire des menaces qui pèsent sur l'avenir de notre monde. Comme l'a affirmé le président	05:20	aber seitdem haben wir gesehen, dass weltweit ein Bewusstsein entstanden ist für die Bedrohungen, die unsere Zukunft belasten.
05:30	de la République à Johannesburg, il y a un an, l'urgence est désormais à l'action. La France doit donc faire	05:30	Der Präsident hat in Johannesburg vor genau einem Jahr gesagt, dass wir nun unbedingt handeln müssen.
05:40	des propositions et rassembler les énergies. (…) Nos experts sont particulièrement actifs au sein de la communauté	05:40	Frankreich muss also Vorschläge machen und Energien bündeln. (…) Unsere Experten sind ganz besonders
05:50	scientifique internationale. Ils contribuent aux	05:50	aktiv innerhalb der internationalen

129

	côtés de leurs pairs à la compréhension et à la résolution des problèmes	Wissenschaftsgemeinschaft. Sie tragen mit ihren Kollegen
06:00	d'environnement. Nous devons cependant nous mobiliser davantage. Les défis de la mondialisation,	06:00 dazu bei, dass Umweltprobleme gelöst und überwunden werden können. Wir müssen uns aber noch mehr engagieren. Die Herausforderungen
06:10	parmi lesquels figure la gestion des biens publics environnementaux, exigent en effet une diplomatie active	06:10 der Globalisierung sind unter anderem der Umgang mit den gemeinsamen Ressourcen und dies verlangt eine
06:20	et ambitieuse, prenant appui sur une expertise fiable. Je n'oublie pas que notre pays est, peut-être,	06:20 aktive und ehrgeizige Politik, die sich auf zuverlässige Einschätzungen und Fakten stützen. Ich möchte nicht außer Acht
06:30	le plus riche au monde en diversité biologique terrestre, avec notre présence dans presque tous les grands milieux de la planète,	06:30 lassen, dass unser Land wohl das Land ist, das die größte Artenvielfalt hat. Denn wir
06:40	qu'ils soient tempérés, méditerranéens, insulaires, tropicaux ou polaires.	06:40 sind in fast, in gem, sow, gem, in gemäßigten, in Mittelmeerzonen präsent, als auch in Inselgebieten und
06:50	Ceci nous impose des responsabilités particulières. (..) La France se trouve désormais à la pointe de l'action	06:50 den Tropen sowie der, in Polargebieten. Dies legt uns ganz besondere Verantwortungen auf. (..) Frankreich
07:00	en faveur de l'environnement. Dans le domaine de la protection du milieu marin, notre diplomatie s'est particulièrement	07:00 ist, steht nun an der Spitze im Kampf, im Umweltschutz. Bei dem Schutz der Meere hat
07:10	illustrée, montrant du même coup la capacité d'action qui peut être la nôtre sur ces nouveaux	07:10 sich unsere Politik ganz besonders hervorgetan, indem sie gezeigt hat, dass, wie stark wir uns

	enjeux, à condition bien entendu		
07:20	que cette action soit bien conçue, déterminée et durable. La France possède la deuxième zone économique	07:20	für diese neue Ziele einsetzen können, unter der Voraussetzung, dass dieses Handeln geplant, entschlossen und dauerhaft ist. (..) Frankreich
07:30	exclusive du monde. Notre histoire d'ancienne puissance maritime et les liens noués avec la plupart	07:30	ist der zweitgrößte Wirtschaftsraum der Welt. Unsere Geschichte als ehemalige
07:40	de nos voisins de cette immense zone nous donnent des responsabilités particulières, de la gestion durable des ressources marines	07:40	Seemacht und die Verbindungen, die wir mit allen unseren Nachbarländern geknüpft haben, geben uns ganz besondere,
07:50	à la création d'aires protégées permettant de préserver une biodiversité menacée. Nous sommes	07:50	erlegen uns ganz besondere Verantwortung auf beim Umgang mit den Meeren, mit der Luft, um eine
08:00	particulièrement engagés dans la bataille pour la sauvegarde des mammifères marins ou des récifs coralliens. (...) Les	08:00	Artenvielfalt zu bewahren. Wir engagieren uns ganz besonders im Kampf zum Schutz der Korallenriffe oder der Meeressäuger.
08:10	catastrophes écologiques répétées provoquées par les naufrages de pétroliers devant nos côtes (Amoco Cadiz, Erika) ont	08:10	(...) Immer neue Umweltkatastrophen durch den Sinken von Mung, von Öltankern,
08:20	fait prendre conscience de la nécessité d'une stricte réglementation en matière de sécurité maritime. La France	08:20	wie zum Beispiel Erika, haben uns erkennen lassen, dass wir eine strenge Regulierung brauchen in der Frage der
08:30	a été la première à se lancer dans un combat, aux côtés de ses partenaires de l'Union européenne puis auprès de l'Organisation	08:30	Sicherheit auf den Meeren. Frankreich war das erste Land, das sich gemeinsam mit seinen europäischen Partnern in einem Kampf engagiert

			hat,
08:40	maritime internationale, afin de faire avancer un dispositif de réforme ambitieux. Les idées françaises	08:40	auch mit der internationalen Seeschifffahrtsorganisation, um so ein, so hochgesteckte Reformen
08:50	font leur chemin puisque nos partenaires de la Baltique s'en inspirent aujourd'hui pour mieux protéger leur propre espace maritime, très	08:50	zu erreichen. Die französischen Vorschläge werden auch umgesetzt, denn unsere Partner, baltischen Partner, werden davon beeinflusst, um ihre
09:00	vulnérable lui aussi. (...) La France doit demeurer à l'avant-garde de la défense internationale de l'environnement.	09:00	sehr anfälligen Meeresgebiete zu schützen. (...) Frankreich muss weiterhin Vorkämpfer sein bei dem internationalen Umweltschutz.
09:10	Parce qu'il y a urgence. Parce qu'il y va de notre avenir à tous. Mais aussi parce que notre pays a aujourd'hui une conscience	09:10	Denn es bleibt uns nicht mehr viel Zeit. Es geht um die Zukunft, um die Zukunft aller.
09:20- 09:30	particulière de ces enjeux et doit la faire entendre au service de l'intérêt général. Mesdames et Messieurs, merci de votre attention.	09:20	Weil unser Land kennt im Moment die Herausforderungen und muss dies zum Wohle aller auch wissen lassen.
		09:30- 09:32	Meine Damen und Herren, danke für Ihre Aufmerksamkeit.

Proband 6:

Zeit	Ausgangstext	Zeit	Verdolmetschung
00:00	Mesdames, Messieurs, (...) Permettez-moi d'abord de vous souhaiter la bienvenue, et d'exprimer ma satisfaction d'ouvrir	00:03	Meine sehr geehrten Damen und Herren, ich möchte Sie zunächst alle hier herzlich willkommen heißen
00:10	en compagnie de Roselyne Bachelot-Narquin ce séminaire des correspondants environnement. Je salue la présence	00:10	und ich möchte meine Freude darüber ausdrücken, hier zusammen mit Roselyne Barchelot-Marquin dieses Seminar der Umweltverantwortlichen
00:20	parmi nous de Monsieur Julius Georg Luy, ambassadeur chargé de l'Environnement au sein du ministère des affaires	00:20	eröffnen zu können. Ich freue mich sehr über die Anwesenheit von Herrn Julius Georg Luy, äm, Botschafter
00:30	étrangères allemand, au côté de son homologue français, qui témoigne de l'excellente coopération	00:30	für Umweltfragen des Außenministeriums aus Deutschland. Neben seinem französischen Amtskollegen,
00:40	qui existe entre nos deux pays sur le sujet, ainsi que le représentant de l'ambassade du Royaume-Uni à Paris,	00:40	mit dem er sehr gut zusammenarbeitet, ist er heute hier erschienen, wie auch
00:50	Monsieur Hugh Elliott, conseiller pour les affaires globales. (...) Les temps ont bien changé,	00:50	der Vertreter der Botschaft des Vereinigten Königreichs in Paris, Herrn Hugo Elliott, der, äm,
01:00	où notre diplomatie ne se saisissait que des sujets strictement liés à la paix et à la guerre.	01:00	für globale Frage verantwortlich ist. (...) Unsere Diplomatie
01:10	Ils restent évidemment le cœur de notre métier. Mais, heureusement, notre mission	01:10	bezieht sich heute nicht nur auf Fragen des Friedens und des Krieges. Es gibt sehr viele Dinge,

01:20	s'est considérablement, au fil du temps et de l'Histoire, enrichie et la diplomatie	01:20	die zu behandeln sind. Aber glücklicherweise (…) ist unsere Aufgabe im Laufe der Zeit und der Geschichte
01:30	moderne se doit d'englober tous les relais d'influence et d'aborder toutes les grandes problématiques	01:30	immer vielfältiger geworden. Die moderne Diplomatie bezieht sich somit auf alle
01:40	qui façonnent le monde d'aujourd'hui, marqué désormais par sa nature globale et les interactions	01:40	Möglichkeiten des Einflusses und auch auf alle größeren Probleme, die die Welt von heute betroffen. (..) Die Welt
01:50	qu'entretiennent les phénomènes transnationaux en tous genres : positifs comme la diffusion des moyens de communication,	01:50	wird heutzutage immer globaler. Es geht hier um eine Art von transnationalen Phänomenen.
02:00	mais aussi néfastes comme les grandes pandémies. Aux défis anciens, comme le sous-développement,	02:00	Diese können positiv sein, wie beispielsweise die, äh, neuen Kommunikationsmöglichkeiten. Aber sie können auch negativ sein, wie Seuchen.
02:10	viennent se superposer des menaces nouvelles : terrorisme, prolifération, criminalité	02:10	Es gibt Probleme wie die Unterentwicklung und diese Probleme werden nun zu neuen Bedrohungen und es gibt noch
02:20	transnationale… (..) Aujourd'hui, préserver l'environnement, au Nord comme au Sud,	02:20	schlimmere Bedrohungen: Terrorismus, Verbreitung von, äh, Massenvernichtungswaffen und die grenzüberschreitende Kriminalität. (..) Heute
02:30	à l'Est comme, et nous devons malheureusement avouer nos propres imperfections, à l'Ouest, et mettre en œuvre	02:30	bedeutet der Umweltschutz im Norden und im Süden, im (..) Westen und auch im Osten, (..)
02:40	à l'échelle mondiale une véritable stratégie de	02:40	der Westen betrifft uns ganz besonders, wir

	développement durable constituent des défis majeurs. (.)	müssen hier unsere eigenen Fehler zugeben. Dies führt dazu, dass wir eine wahre nachhaltige Entwicklungsstrategie ins Leben
02:50	Les menaces pesant sur notre planète donnent lieu depuis une dizaine d'années à une accélération	rufen müssen. Und dies ist eine unserer großen Herausforderungen. Die Bedrohungen, die, äm, auf unserer Erde lasten,
03:00	de la mobilisation internationale. Il s'agit pour la France d'un enjeu central pour	bestehen nun seit einigen Jahrzehnten und es hat zu einer Beschleunigung der internationalen Mobilisierung geführt. Es handelt sich hier für Frankreich
03:10	une diplomatie globale qui souhaite intégrer toutes les dimensions de la mondialisation et contribuer à l'avènement	um ein zentrales Thema, wenn es darum geht, hier eine globale Diplomatie einzuführen, die alle Dimensionen der
03:20	d'un monde plus juste, plus stable, plus sûr. La défense de l'environnement ne saurait être une cause	Globalisierung mit einbezieht und zu einer gerechteren, stabileren, sicheren Welt beiträgt. Die Verteidigung
03:30	distincte des autres enjeux et priorités de notre action extérieure. Elle se situe au contraire	und der Schutz der Umwelt kann nicht von den anderen, äm, Problemen und Prioritäten unserer Außenpolitik getrennt behandelt werden.
03:40	au cœur d'une démarche cohérente, d'une nouvelle manière de concevoir et de construire le monde. (...)	Nein, ganz im Gegenteil. Es handelt sich hier um etwas, was kohärente Schritte zur Folge haben muss.
03:50	La tâche est immense. Le quart des espèces vivantes sont gravement menacées. Le cinquième des terres arides	Wir müssen unsere Welt gemeinsam verbessern. Dies ist eine wichtige Aufgabe. Sehr viele, äm, lebender
04:00	fragiles est touché par une importante	Tierarten sind beispielsweise bedroht. Es gibt, äm,

135

		sehr viele Umweltprobleme durch, äm, die, den Zerfall
04:10	dégradation des sols qui met en danger environ un milliard de personnes. Lors de mes déplacements en Afrique, j'ai eu l'occasion d'observer les tensions que pouvait créer	04:10 der Böden. Dies, äm, führt dazu, dass eine Milliarde Menschen sich in Gefahr befinden. Als ich in Afrika war, konnte ich
04:20	la gestion des ressources en eau, de voir aussi l'avancée du désert. Si les modes de production et de	04:20 (…) sehen, wie die Ressourcen verwandelt, verwaltet werden. (..) Wenn die
04:30	consommation actuels persistent, l'augmentation de température devrait être comprise entre 1,5	04:30 Produktionsmethoden und die Arten der, äh, Konsumierung unverändert bleiben, so wird der Temperaturanstieg
04:40	et 6 degrés d'ici la fin du siècle, avec de sévères conséquences : deux personnes	04:40 zwischen 1,5 und 7 Grad betragen bis zum Ende unseres Jahrhunderts. Dies hat sehr schwerwiegende Folgen.
04:50	sur trois risquent de connaître en 2025 des difficultés d'alimentation en eau.	04:50 Zwei von drei Menschen werden bis ins Jahr 2025 Ernährungs,
05:00	Depuis la fin des années soixante-dix, et du fait notamment d'une série de catastrophes hélas bien connues,	05:00 äm, Wasserversorgungsprobleme bekommen. Bis in die siebziger
05:10	de Seveso à Three Mile Island, de Bhopal à Tchernobyl, nous avons connu l'émergence d'une prise de conscience	05:10 Jahre wird es sehr viele Katastrophen geben. In den siebzi, äh, seit den siebziger Jahren gab es sehr viele Katastrophen, wie beispielsweise
05:20	planétaire des menaces qui pèsent sur l'avenir de notre monde. Comme l'a affirmé le président	05:20 in Tschernobyl. Und dies hat dazu geführt, dass sich die ganze Welt über die Bedrohungen bewusst werden musste, die, äm, die Zukunft unserer Welt belasten.

05:30	de la République à Johannesburg, il y a un an, l'urgence est désormais à l'action. La France doit donc faire	05:30	(...) Der Staatspräsident hat es vor einem Jahr in Johannesburg betont. Wir müssen nun handeln. Frankreich
05:40	des propositions et rassembler les énergies. (...) Nos experts sont particulièrement actifs au sein de la communauté	05:40	muss also Vorschläge unterbreiten und muss alle seine Kräfte einsetzen. Unsere Fachleute sind hier
05:50	scientifique internationale. Ils contribuent aux côtés de leurs pairs à la compréhension et à la résolution des problèmes	05:50	besonders aktiv in der internationalen wissenschaftlichen Gemeinschaft. Sie tragen zu einem besseren
06:00	d'environnement. Nous devons cependant nous mobiliser davantage. Les défis de la mondialisation,	06:00	Verständnis und zu einer besseren Konfliktlösung im Bereich der Umwelt bei. Wir müssen uns dennoch noch weiter mobilisieren. Die Herausforderungen
06:10	parmi lesquels figure la gestion des biens publics environnementaux, exigent en effet une diplomatie active	06:10	der Globalisierung, wie beispielsweise die Verwaltung der Umweltgüter, (..) fordern eine
06:20	et ambitieuse, prenant appui sur une expertise fiable. Je n'oublie pas que notre pays est, peut-être,	06:20	aktive Diplomatie mit hochgesteckten Zielen, die sich auf, äm, ein verlässliches Fachwissen stützt. Wir dürfen nicht vergessen, dass
06:30	le plus riche au monde en diversité biologique terrestre, avec notre présence dans presque tous les grands milieux de la planète,	06:30	unser Land zu den reichsten Ländern der Welt gehört, was, äm, die, äh, die biologische Vielfalt betrifft. Wir
06:40	qu'ils soient tempérés, méditerranéens, insulaires, tropicaux ou polaires.	06:40	sind, (....) wir haben alle Arten von Gebieten bei uns vereint: mediterrane
06:50	Ceci nous impose des responsabilités particulières. (...)	06:50	Gebiete, tropische Gebiete und so weiter. Dies führt dazu, dass wir eine besondere Verantwortung

	La France se trouve désormais à la pointe de l'action		übernehmen müssen. (..) Frankreich ist
07:00	en faveur de l'environnement. Dans le domaine de la protection du milieu marin, notre diplomatie s'est particulièrement	07:00	von nun an verantwortlich für das Handeln für eine bessere Umwelt. Im Bereich des, äh, Schutzes der Meere
07:10	illustrée, montrant du même coup la capacité d'action qui peut être la nôtre sur ces nouveaux enjeux, à condition bien entendu	07:10	hat sich unsere Diplomatie ganz besonders gezeigt und hat unsere Handlungsmöglichkeiten aufgezeigt, wenn es um diese neuen Probleme geht,
07:20	que cette action soit bien conçue, déterminée et durable. La France possède la deuxième zone économique	07:20	die man lösen muss. Dieses Handeln muss entschlossen sein und es muss von nachhaltiger Natur sein. Frankreich
07:30	exclusive du monde. Notre histoire d'ancienne puissance maritime et les liens noués avec la plupart	07:30	ist die zweite, zweitgrößte Wirtschaftsmacht der Welt. Unsere Geschichte hier im Bereich des Meeres
07:40	de nos voisins de cette immense zone nous donnent des responsabilités particulières, de la gestion durable des ressources marines	07:40	(....) gibt uns gemeinsam mit unseren Partnern aus demselben Gebiet eine besondere Verantwortung bezüglich
07:50	à la création d'aires protégées permettant de préserver une biodiversité menacée. Nous sommes	07:50	der nachhaltigen Ver, äm, des nachhaltigen Schutzes der Meeresressourcen. Wir müssen das Meer schützen und müssen die biologische Vielfalt, die bedroht ist, verteidigen.
08:00	particulièrement engagés dans la bataille pour la sauvegarde des mammifères marins ou des récifs coralliens. (..) Les	08:00	Wir möchten uns besonders im Kampf für das Meer einsetzen, auch für den Kampf für unsere

08:10	catastrophes écologiques répétées provoquées par les naufrages de pétroliers devant nos côtes (Amoco Cadiz, Erika) ont	08:10	Korallenriffe. Die, äm, ständig sich wiederholenden ökologischen Katastrophen, wie beispielsweise, äm, nach den Schiffskatastrophen
08:20	fait prendre conscience de la nécessité d'une stricte réglementation en matière de sécurité maritime. La France	08:20	vor unseren Küsten, hat uns gezeigt, wie notwendig es ist, hier etwas zu tun für die Sicherheit unserer Meere.
08:30	a été la première à se lancer dans un combat, aux côtés de ses partenaires de l'Union européenne puis auprès de l'Organisation	08:30	Frankreich war das erste Land, als es darum ging, diesen Kampf anzugehen mit den Partnern aus der Europäischen Union und auch
08:40	maritime internationale, afin de faire avancer un dispositif de réforme ambitieux. Les idées françaises	08:40	mit der internationalen Meeresorganisation. Somit wollte Frankreich hier Reformen einführen mit sehr hochgesteckten Zielen. Die
08:50	font leur chemin puisque nos partenaires de la Baltique s'en inspirent aujourd'hui pour mieux protéger leur propre espace maritime, très	08:50	französischen Ideen sind auf dem richtigen Weg. Und, äm, unsere Partner aus den baltischen Ländern nutzen unsere Ideen auch, um ihren eigenen Meeresraum,
09:00	vulnérable lui aussi. (..) La France doit demeurer à l'avant-garde de la défense internationale de l'environnement.	09:00	der sehr anfällig für solche Katastrophen und Konflikte ist, ebenfalls zu schützen. Frankreich muss somit ein Vorreiter bleiben, wenn es darum geht, auf internationalem Niveau
09:10	Parce qu'il y a urgence. Parce qu'il y va de notre avenir à tous. Mais aussi parce que notre pays a aujourd'hui une conscience	09:10	die Umwelt zu schützen. Es ist notwendig, dass wir nun handeln. Das ist unsere gemeinsame Zukunft, um die es geht. Und unser Land ist sich heute

09:20-09:30	particulière de ces enjeux et doit la faire entendre au service de l'intérêt général. Mesdames et Messieurs, merci de votre attention.	09:20	ganz besonders über diese Probleme bewusst und muss diese Probleme auch für die Öffentlichkeit lösen. Meine sehr geehrten Damen und
		09:30-09:32	Herren, vielen Dank für Ihre Aufmerksamkeit.

Proband 7:

Zeit	Ausgangstext	Zeit	Verdolmetschung
00:00	Mesdames, Messieurs, (..) Permettez-moi d'abord de vous souhaiter la bienvenue, et d'exprimer ma satisfaction d'ouvrir	00:02	Meine sehr verehrten Damen und Herrn, erlauben Sie mir zunächst einmal, Sie hier begrüßen zu dürfen.
00:10	en compagnie de Roselyne Bachelot-Narquin ce séminaire des correspondants environnement. Je salue la présence	00:10	(...) Ich eröffne voller Freude diese Konferenz
00:20	parmi nous de Monsieur Julius Georg Luy, ambassadeur chargé de l'Environnement au sein du ministère des affaires	00:20	zur Umwelt und ich, äh, freue mich über die Präsenz des Botschafters
00:30	étrangères allemand, au côté de son homologue français, qui témoigne de l'excellente coopération	00:30	der, des Umweltschutzes, der im deutschen Umweltschutz, in der
00:40	qui existe entre nos deux pays sur le sujet, ainsi que le représentant de l'ambassade du Royaume-Uni à Paris,	00:40	deutschen Umweltschutzpolitik tätig ist und dies ist ein Zeichen unserer Zusammenarbeit zwischen unseren beiden Ländern zu diesem Thema.
00:50	Monsieur Hugh Elliott, conseiller pour les affaires globales. (...) Les temps ont bien changé,	00:50	Vertreten auch der Botschafter der, von Großbritannien, der für (...)
01:00	où notre diplomatie ne se saisissait que des sujets strictement liés à la paix et à la guerre.	01:00	generellere Dinge zuständig ist. Die Staaten haben sich sehr verändert. Früher kümmerte sich unsere Diplomatie
01:10	Ils restent évidemment le cœur de notre métier. Mais, heureusement, notre mission	01:10	nur um Frieden und um Konfliktbekämpfung. Das ist nach wie vor zentraler Punkt in unserer Politik. Doch

01:20	s'est considérablement, au fil du temps et de l'Histoire, enrichie et la diplomatie	01:20	zum Glück haben sich unsere Betätigungsfelder im Laufe der Zeit und auch im Laufe der Geschichte erweitert,
01:30	moderne se doit d'englober tous les relais d'influence et d'aborder toutes les grandes problématiques	01:30	so dass die moderne Diplomatie mittlerweile andere Einflussgebiete umfassen muss
01:40	qui façonnent le monde d'aujourd'hui, marqué désormais par sa nature globale et les interactions	01:40	und angesprochen werden müssen natürlich auch andere Problematiken der heutigen Welt. Vor allem
01:50	qu'entretiennent les phénomènes transnationaux en tous genres : positifs comme la diffusion des moyens de communication,	01:50	die (…) Interaktion zwischen den einzelnen Staaten soll
02:00	mais aussi néfastes comme les grandes pandémies. Aux défis anciens, comme le sous-développement,	02:00	gefestigt werden. Dies gilt für die, äh, die Medien, es gilt aber auch bei der Bekämpfung von Seuchen.
02:10	viennent se superposer des menaces nouvelles : terrorisme, prolifération, criminalité	02:10	Es geht um die Fortführung der Entwicklung, dass auch Schwellenländer weiterentwickelt werden.
02:20	transnationale.... (..) Aujourd'hui, préserver l'environnement, au Nord comme au Sud,	02:20	Es kommen neue Gefahren auf uns zu: Terrorismus, grenzüberschreitende Kriminalität und so weiter. Deswegen ist es
02:30	à l'Est comme, et nous devons malheureusement avouer nos propres imperfections, à l'Ouest, et mettre en œuvre	02:30	unser Anliegen, die Umwelt zu schützen. Im Süden wie im Norden, im Osten wie im Westen, wo
02:40	à l'échelle mondiale une véritable stratégie de développement durable constituent des défis	02:40	natürlich auch Unzulänglichkeiten existiert haben, und wir müssen auf weltweiter Ebene dafür

	majeurs. (.)		sorgen, dass eine nachhaltige Umweltschutzpolitik
02:50	Les menaces pesant sur notre planète donnent lieu depuis une dizaine d'années à une accélération	02:50	gestartet wird. Dies ist eine besondere Herausforderung. Die Bedrohungen, die Gefahren für unseren Planeten, die seit
03:00	de la mobilisation internationale. Il s'agit pour la France d'un enjeu central pour	03:00	über zehn Jahren sichtbar sind, haben dazu geführt, dass, äh, äm, unsere internationale Mobilität nun gefragt ist.
03:10	une diplomatie globale qui souhaite intégrer toutes les dimensions de la mondialisation et contribuer à l'avènement	03:10	Für Frankreich steht einiges auf dem Spiel. Für die internationale Diplomatie auch, denn (…)
03:20	d'un monde plus juste, plus stable, plus sûr. La défense de l'environnement ne saurait être une cause	03:20	wir, unser Anliegen ist es, für eine gerechtere, stabilere, sicherere Welt zu kämpfen. Der Umweltschutz (..)
03:30	distincte des autres enjeux et priorités de notre action extérieure. Elle se situe au contraire	03:30	ist, äh, kein, ist eine, ist genauso eine Herausforderung, sie ist mit anderen Herausforderungen
03:40	au cœur d'une démarche cohérente, d'une nouvelle manière de concevoir et de construire le monde. (..)	03:40	zu sehen und sie ist nicht auszuschließen. Sie, ganz im Gegenteil, sie befindet sich im Herzen unserer Politik und benötigt, dass,
03:50	La tâche est immense. Le quart des espèces vivantes sont gravement menacées. Le cinquième des terres arides	03:50	äh, von uns, erwartet von uns, dass neue Konzepte für die Welt geschaffen werden. Die Aufgabe ist gewaltig. Ein Viertel der Ar, der
04:00	fragiles est touché par une importante dégradation des sols qui met en danger environ un milliard de	04:00	Arten sind bedroht. Ein Fünftel (..) der Böden der Welt sind, ähm,

04:10	personnes. Lors de mes déplacements en Afrique, j'ai eu l'occasion d'observer les tensions que pouvait créer	04:10	laufen Gefahr, sich zu verschlechtern, was eine Milliarde Menschen gefährdet. Während meiner Afrikareisen habe ich Gelegenheit gehabt,
04:20	la gestion des ressources en eau, de voir aussi l'avancée du désert. Si les modes de production et de	04:20	Spannungen zu beobachten, die dadurch entstehen, dass, äh, Naturressourcen zur Verfügung stehen oder nicht.
04:30	consommation actuels persistent, l'augmentation de température devrait être comprise entre 1,5	04:30	Die Wüste schreitet voran und, äh, falls unsere, (…) unser Verhalten
04:40	et 6 degrés d'ici la fin du siècle, avec de sévères conséquences : deux personnes	04:40	gegenüber den Rohstoffen sich nicht ändert, so wird sich auch eine, ein Temperaturwechsel zutragen mit, in Höhe von
04:50	sur trois risquent de connaître en 2025 des difficultés d'alimentation en eau.	04:50	1,6 bis 2 Grad. Dies wird, äh, zu vielen Schwierigkeiten führen, bis, äh, in den
05:00	Depuis la fin des années soixante-dix, et du fait notamment d'une série de catastrophes hélas bien connues,	05:00	kommenden Jahren: vor allem die Wasserverknappung wird davon betroffen sein. (…) Die,
05:10	de Seveso à Three Mile Island, de Bhopal à Tchernobyl, nous avons connu l'émergence d'une prise de conscience	05:10	(..) der Anstieg von Katastrophen hat von Tscherno, unter anderem in Tschernobyl (..)
05:20	planétaire des menaces qui pèsent sur l'avenir de notre monde. Comme l'a affirmé le président	05:20	dazu geführt, dass wir ein, unser Bewusstsein gestärkt haben auf weltweiter Ebene. Denn die Gefahren belasten unsere eine Welt.
05:30	de la République à Johannesburg, il y a un an, l'urgence est désormais à l'action. La France doit donc faire	05:30	(..) So hat es der Staatspräsident in Johannesburg auch gesagt, vor einem Jahr. Wir müssen nun handeln. Frankreich
05:40	des propositions et rassembler les énergies. (…)	05:40	muss also Vorschläge anbieten und Energien

144

	Nos experts sont particulièrement actifs au sein de la communauté		bündeln. (...) Unsere Experten
05:50	scientifique internationale. Ils contribuent aux côtés de leurs pairs à la compréhension et à la résolution des problèmes	05:50	sind besonders in der internationalen Wi, äm, Wissenschaftsgemeinschaft zusammengerückt und sie versuchen zusammenarbeiten, um
06:00	d'environnement. Nous devons cependant nous mobiliser davantage. Les défis de la mondialisation,	06:00	die Verständigung zu fördern und Umweltschutz, Umweltschutzprobleme in den Griff zu bekommen. Wir müssen uns aber noch stärker
06:10	parmi lesquels figure la gestion des biens publics environnementaux, exigent en effet une diplomatie active	06:10	mobilisieren. Die Globalisierung ist eine dieser Herausforderung, so auch die (..) Verwaltung öffentlicher
06:20	et ambitieuse, prenant appui sur une expertise fiable. Je n'oublie pas que notre pays est, peut-être,	06:20	Güter. All dies verlangt von uns eine aktive Dimoplatie mit ehrgeizigen Zielen. Dazu bedarf es an, äh,
06:30	le plus riche au monde en diversité biologique terrestre, avec notre présence dans presque tous les grands milieux de la planète,	06:30	Beratern. Unser Land kann nicht, unser Land möchte die Vielfalt wahren, die es auf der Welt, die es auf unserem
06:40	qu'ils soient tempérés, méditerranéens, insulaires, tropicaux ou polaires.	06:40	Planeten gibt. Und dies betrifft alle Klimazonen dieser Welt und alle
06:50	Ceci nous impose des responsabilités particulières. (...) La France se trouve désormais à la pointe de l'action	06:50	Erdteile. Dies setzt voraus, dass wir entsprechende Verantwortungen übernehmen. Frankreich
07:00	en faveur de l'environnement. Dans le domaine de la protection du milieu marin, notre diplomatie s'est particulièrement	07:00	ist nun, führt nun die Umweltsch, Umweltschutzpolitik an. Dies gilt für die, (..)

07:10	illustrée, montrant du même coup la capacité d'action qui peut être la nôtre sur ces nouveaux enjeux, à condition bien entendu	07:10	den Schutz, den Umweltschutz zu Land und zu See. (..) Unser Aktionsplan
07:20	que cette action soit bien conçue, déterminée et durable. La France possède la deuxième zone économique	07:20	muss hierbei natürlich besonders gut organisiert sein. Wir müssen entschlossen handeln und nachhaltig dabei
07:30	exclusive du monde. Notre histoire d'ancienne puissance maritime et les liens noués avec la plupart	07:30	auftreten. Frankreich ist die zweite Wirtschaftszone der Welt. Unsere Geschichte (..) als alte (...)
07:40	de nos voisins de cette immense zone nous donnent des responsabilités particulières, de la gestion durable des ressources marines	07:40	Seemacht hat uns verbunden mit unseren Nachbarn dieser großen Zonen und deswegen haben wir beso, einen besonders großen Verantwortungsbereich
07:50	à la création d'aires protégées permettant de préserver une biodiversité menacée. Nous sommes	07:50	im Rahmen der (...) See, des Seeumweltschutzes im Sinne der Artenvielfalt.
08:00	particulièrement engagés dans la bataille pour la sauvegarde des mammifères marins ou des récifs coralliens. (...) Les	08:00	Wir engagieren uns besonders im Kampf um den Erhalt der Säugetiere und der Korallenriffe.
08:10	catastrophes écologiques répétées provoquées par les naufrages de pétroliers devant nos côtes (Amoco Cadiz, Erika) ont	08:10	Die ökologischen Katastrophen, die sich wiederholt haben, die auf Grund von Tankern
08:20	fait prendre conscience de la nécessité d'une stricte réglementation en matière de sécurité maritime. La France	08:20	passiert sind, Erika zum Beispiel, haben uns sensibilisiert, dass wir ein Regelwerk erstellen müssen, um, äh, den

08:30	a été la première à se lancer dans un combat, aux côtés de ses partenaires de l'Union européenne puis auprès de l'Organisation	08:30	Seeverkehr zu regeln und die Seesicherheit zu garantieren. Frankreich war das erste Land, das einen solchen Kampf mit, äh, seinen Partnern in der EU begonnen hat.
08:40	maritime internationale, afin de faire avancer un dispositif de réforme ambitieux. Les idées françaises	08:40	Später kam die internationale maritime Organisation hinzu, damit der Dialog, ähm, und die
08:50	font leur chemin puisque nos partenaires de la Baltique s'en inspirent aujourd'hui pour mieux protéger leur propre espace maritime, très	08:50	nötigen Reformen gefördert werden. Die französische Politik hat, äh, Schule gemacht, denn auch aus den baltischen Ländern
09:00	vulnérable lui aussi. (..) La France doit demeurer à l'avant-garde de la défense internationale de l'environnement.	09:00	wird eine ähnliche Politik, ähm, mittlerweile geführt. Denn auch die dortigen Lebensräume sind bedroht. Frankreich führt
09:10	Parce qu'il y a urgence. Parce qu'il y a de notre avenir à tous. Mais aussi parce que notre pays a aujourd'hui une conscience	09:10	den internationalen Umweltschutz an und Frankreich sieht den Handlungsbedarf. Denn Frankreich erkennt, dass es uns, dass es um unsere gemeinsame Zukunft geht und Frankreich
09:20-09:30	particulière de ces enjeux et doit la faire entendre au service de l'intérêt général. Mesdames et Messieurs, merci de votre attention.	09:20	freut sich auch darüber, dass das Land wahrgenommen hat, (..) wie und wo zu handeln ist. Frankreich möchte
		09:30-09:35	seine, seinen Pflichten gerecht werden und hiermit bedanke ich mich bei Ihnen, meine Damen und Herrn, für Ihre Aufmerksamkeit.

147

Neuerscheinungen zur Dolmetschwissenschaft:

Die Nürnberger Prozesse
Zur Bedeutung der Dolmetscher für die Prozesse
und der Prozesse für die Dolmetscher
(InterPartes 2)
Von Martina Behr und Maike Corpataux
2006, 94 Seiten, Paperback, Euro 19,90/CHF 34,60, ISBN 978-3-89975-078-2

Wie sah die Arbeit der Dolmetscher bei den Nürnberger Prozessen aus? Wie empfanden sie die Konfrontation mit den größten Nazi-Verbrechern und den von diesen begangenen Grausamkeiten? Inwieweit beeinflusste die Tätigkeit in Nürnberg den späteren Lebensweg der Dolmetscher? Auf diese und weitere Fragen gibt die vorliegende Arbeit detaillierte Antworten. Besonderen Raum nehmen die Erinnerungen des Dolmetschers Siegfried Ramler ein, die damit erstmalig in dieser Form und Ausführlichkeit vorliegen. Darüber hinaus liefern Ramlers Bemerkungen zum Umgang mit der damals völlig neuen Simultantechnik einen äußerst interessanten Einblick in die Anfänge des Simultandolmetschens.

Community Interpreting in Deutschland
Gegenwärtige Situation und Perspektiven für die Zukunft
(InterPartes 1)
Von Ashley Marc Slapp
2004, 136 Seiten, Paperback, Euro 29,90/CHF 51,00, ISBN 978-3-89975-496-4

Die praxisorientierte Arbeit untersucht Community Interpreting als Dolmetschen im sozialen Bereich, besonders auf medizinischem Gebiet. Dabei geraten nicht nur die deutschen Verhältnisse in den Blick. Die Untersuchung stellt ihnen den Stand des Community Interpreting in anderen Ländern gegenüber und geht darüber hinaus der Frage nach den Ausbildungsmöglichkeiten für Community Interpreter nach.

Ihr Wissenschaftsverlag. Kompetent und unabhängig.

Martin Meidenbauer »

Verlagsbuchhandlung GmbH & Co. KG
Erhardtstr. 8 • 80469 München
Tel. (089) 20 23 86 -03 • Fax -04
info@m-verlag.net • www.m-verlag.net